シェフを「つづける」
ということ

井川直子

まえがき

ことの始まりは二〇〇二年春。イタリアで修業する日本人コックを取材したことにある。

当時のイタリアは、「厨房のドアを開ければ、日本人コックがうじゃうじゃいる」といわれた時代。どんな山奥の村にも海辺の町にも、星つきのリストランテから小さなトラットリアまでにも散らばっている。

そう訊いて、ちょっと信じられなかったのだ。

バブルが弾けてからの日本は、長く未来が見えなかった。就職氷河期から超氷河期時代に突入して、働きたくても働けないまま、みんな立ちすくんでいた。何ができるか？ が最優先で、何をしたいか？ なんて発想は贅沢《ぜいたく》。というか、そもそも自分が何をしたいのかわからない。私を含め、たぶん多くがそんな感じだった。

なのに、イタリアの厨房には「シェフになりたい」日本の若者が溢れているという。

同時代の日本に「やりたいことのある人たち」がいる。それを求めて世界へ飛び出した人たちがいる。彼らはどんな人たちなのか。無性に、会って話を訊きたくなった。私はずっと心の奥で、そっち側の人に憧れていたんだろうなと思う。

で、イタリアまで会いに行ったのだ。

二度ほど旅したことがあるというだけの理由でピエモンテ州を中心に選び、取材のアポイントを取るため、リストランテに片っ端から電話をしてみた。無作為ながら日本人コックのヒット率、ざっくり七〇パーセント以上。

もともと星つきリストランテの多い地域なのだが、けれど白トリュフで有名なピエモンテにコックが押し寄せるのは秋から冬。春はシーズンオフだったわけで、それでも取材日程が苦労なく埋まっていったことからも層の厚さを思い知る。

現地でも、一人に会ったらその知り合いが何人も出てくるわ、街で電車で偶然出会うわで、日本人コックは手を伸ばせばすぐに捕まった。取材したのは二四人。その記録は『イタリアに行ってコックになる』(柴田書店)として上梓《じょうし》している。

当時、彼らはまだ道の途中を歩く人だった。この先日本へ帰ってコックをつづけるのか、シェフになれるのか、自分の店を持つことになるのか。それとも別の職業に就《つ》くのか？　まったく未知数の、いわば夜明け前。

その後、彼らの多くは帰国時や開店時に連絡をくれて、連絡が入れば私も訪ねたり、近況を訊いたり。連絡がなければそのまま。そういう距離感で彼らとつき合ってきた。

最初の取材から十年が経った頃、私は、その道のりを書きとめることにした。

あの「やりたいことのあった人たち」がどうしているのか、ということを。十年の間には世界にも、日本にも、日本人にもいろんなことがあった。その渦《うず》へ放たれたとき、それでもやりたいことは変わっていないのか。それをつづけているのか。または別の生き方をしているか。

彼らの歩みを伝えることは、そっち側に憧れていた多くの人に何かをもたらすことができるのではないか。そう思ったのだ。


そもそもの彼らの背景を、少しくわしく紹介しよう。

一九九〇年代後半から二〇〇〇年代の初めにイタリアを目指した彼らは、空前のイタリアンブームの洗礼を受けて育った世代だ。

大人たちが、まだバブルの夢から醒《さ》めぬ一九九〇年代。「イタめし」や「ティラミス」が雑誌の特集を飾り、イタリア帰りの料理人たちが次々とスターシェフになっていった時代。料理だけではなく、プラダやアルマーニといったファッション、車、デザイン、サッカー、映画……あらゆるプロダクトが日本にやってきて、日本人はイタリアという国そのものに憧れた。

そういう時代に十代、二十代を過ごした彼らが、イタリアを好きになるのはごく自然なことだったのかもしれない。結果、イタリア料理人になりたい若者が増え、二〇〇〇年に入る頃には、現地へ料理修業に行くコックが爆発的に増えていたというわけである。

昔と違って、携帯電話とインターネットが普及して以降の海外は近い。山手線に乗る感覚で飛行機に乗り、リュックと紙袋で修業に出た者もいる。日本の修業先でもイタリア帰りの先輩は身近にいたし、研修プログラムを整えた育成機関もいくつかあって、情報を得ようと思えばすぐ手に入る。海外で修業するというハードルは、たった数年前と比べてもずいぶん低くなっていた。

だからこそ、二〇〇〇年代修業組には「飽和状態」という新しいハードルが現れたのである。なんたって「うじゃうじゃいる」のだから、せっかくイタリアへ来てもシェフ以外全員日本人、という厨房も珍しくはなかったほどだ。

今イタリアで修業する大量の日本人がいっせいに日本へ戻ったら、イタリア帰りという経歴だけではもう看板にならない。闘っていけない。

イタリアで修業したという渡航歴より、どこで、どれくらい、何をしてきたか。もっといえば、人にはない何かを得たのか、という中身が問われる世代である。

人とは違う経験、自分でなければできない料理。何かしら自分の「核」といえるものを見つけなければ、帰れない。厳しいが、そういう意識のない者は振り落とされる。

自分の「核」を求める者は、修業の仕方から考え抜いた。

星つきリストランテの仕事に限定する者、あえて日本人のいない町のトラットリアを選ぶ者、短期間でも数多く見たい者、逆に一つの土地や店について時間をかけて知ろうとする者。さらにはイタリアから、イギリスやスペインに興味を広げていく者。

だがそうして「核」を見つけて帰ったとしても、そのとき、日本のイタリアン人気はまだつづいているのだろうか？　そこに自分の入る余地はあるのか？　何重もの不安を抱えながら修業する、彼らはちょうどそんな時代に生きていた。

一方で、彼らを迎える日本の外食事情も、この十年で激しく変化した。私はライターとして飲食に関わる人々を取材しながら、レストランを取り巻く現実をのぞき見てきた。

バブル崩壊から自分たちの価値観をゆっくりと疑い始めた日本は、「地産地消」という言葉を見つけた。イタリアから日本へ、スローフードの考え方が持ち込まれた時期でもある。

ちょうどそこへ、世界も東京も地方もフラットに考えられる海外修業組が戻ってきた。「地元を誇り、地元に根ざす」という生き方をおみやげにたずさえて。そうして、自分の生きる場所として地方を選ぶ料理人、地方発信のレストランが現れることになる。

アイデンティティを握りしめたその価値観は、その後さらに発展し、生産地と消費地の新しい関係をつくり出すことにもつながっていく。消費地である都市の需要ありきでなく、生産地からモノやコトを都市に提案する、生産地がイニシアチブを取る在り方だ。

経済の低迷は長引いて、東京では銀座や青山といった「遊ぶ街」に元気がなくなり、私鉄沿線の「暮らす町」に店が増え始めた。

リーマンショック、続く東日本大震災を決定打に、節電と自粛ムードで夜の街から灯りが消え、いったいどれだけのレストランが閉店しただろう。グランメゾンを筆頭に高級レストランほど苦しみ、日本に参入した海外の星つきレストランも次々と撤退していった。

それと入れ替わるように急増したのが、日常の小さな店だ。自宅の延長のようにリラックスできて、職場から「帰ってきた」といえるような外の食。そういう店は町の新しいコミュニティとして、人と人とをつなげる役割も果たしている。

料理世界でいえばイタリアンブームの次にはスペインバルの大流行があり、近年は新世代フレンチの活躍。そんなふうに輪廻《りんね》するのは今に始まったことじゃない、日本の性《さが》だ。

流行りもの好きで、新しいものを追いかける性。それは大量生産・大量消費時代の消費感覚かもしれないし、知らないものを知りたい向学心なのかもしれない。または異文化を、好意をもって受け入れられるのは日本人の資質ともいえるだろうか。

よくも悪くも、とにかく「好き」がずっと変わらないヨーロッパの人に対して、日本の人々はそれが短いスパンで移り変わる。


イタリアで取材した「やりたいことのあった人たち」は、修業を終えた途端、こうした日本の性に翻弄《ほんろう》されることになったはずだ。

告白すると、取材当時、失礼ながら帰国後にシェフになる人は少ないかもしれないと覚悟していた。けっして「なれない」と思ったのでなく、現実問題、数だけ見れば飲食業で身を立てるのは困難だからだ。

仕事に就いている調理師の数は、平成二十二年で約二四万人、飲食店にかぎっても九万四〇〇〇人がいる。その中へ毎年、調理師免許合格者が流れ込むことになる。平成二十三年の新規取得者は四万三六七人だ（厚生労働省「衛生行政報告例」）。このうち何人が料理人をつづけ、何人がシェフになり、何年店をつづけていけるのか。

けれど予想に反して十年後、シェフとなって料理も店もつづけている人は少なくなかった。

彼らはどんな道のりを辿ってきたのか。なぜ、つづけることができたのか？

私は、今の彼らに会わなければならないと思った。

目次

※本文中の註※は、各章末に説明を入れています。

第一章

僕は料理しかできへんから

福本伸也

『Cá Sento Shinya Fukumoto』（兵庫県・神戸市）

一九七八年、兵庫県生まれ

「星」の重み

二〇一三年十一月、神戸。ライトアップされた旧居留地にも、餃子《ぎょうざ》や串カツにも背を向けて、元町駅から山のほうへひたすら坂道を上がっていく。街の音がだんだん遠くなり、人が暮らす静けさに変わって、さらに路地。こんなところにレストランがあるんだろうか？ と心細くなるあたりで『カ・セントシンヤ・フクモト』はようやく現れた。

濃い夜の闇に目の覚めるような光を放ち、四角く浮かび上がるのは厨房だった。光の中では、男女五〜六人の若いコックたちが無駄なく体を動かしている。皿を並べるリズムと正確さ、ソースを皿に落とす集中力、他人の動きを確認し交錯する視線と視線。刻一刻のドラマを刻むそれは、まるで映画だ。

こんな厨房を見たことがない。床から天井までガラス張りの窓だから、料理人は頭のてっぺんから足元まで外から見られることになる、というより、たぶん見せている。オーナーシェフの福本伸也にとって、見られて困るところなど針の穴ほどもないのだろう。これで料理ができるのかと疑ってしまうほどモノのない作業台や、レンジフードの裏までも鏡のように輝くステンレスは、「拭《ふ》く」以上の気合いを込めて「磨きあげる」掃除の賜物《たまもの》だ。

「尊敬するシェフはみんな綺麗《きれい》好きやった。常に綺麗にしておけば、まとめて大掃除なん

てする必要がないんですよ」

最初に福本を取材したのは、二〇〇二年のイタリアだ。ミシュラン一つ星ながら、ミラノで今抜群に勢いがあると噂されていたリストランテ『サドレル』。事実、同店はこの年の冬に二つ星を獲《と》ることになるのだが、ここで彼は魚料理を担当していた。

いちばん好きな場所は？　の質問に、「厨房」と即答したことをよく憶えている。自分が「掃除、掃除」とみんなに口うるさく言うから、いつもピカピカで落ち着くのだと、彼は悪戯《いたずら》っぽい笑顔を見せた。当時二十三歳。シェフのクラウディオ・サドレルを「おっさん」と呼んでいたやんちゃ坊主が自らシェフと呼ばれるようになり、スタッフを「うちの子」と言う立場になっても、彼はまだ三十五歳だ。

三十二歳のとき、福本は『ミシュランガイド[※1] 大阪・京都・神戸』の初登場と同時に、日本最年少の三つ星シェフとなった。という晴れ晴れとした書き方をすると、本人は嫌がるだろうか。

ミシュランから知らせがきたとき、正直、戸惑ったのだそうだ。

「イタリアとスペインのレストランで七年働いて、星の重みいうのかな、それがわかっていたから。ヨーロッパの人々が、あの赤い本をどれほど信頼しているか、それを手に星つきのレストランへ食べに行くことをどんな喜びとしているか。そして料理人が、その期待に応えつづけなければならないことも」

つまり彼が感じたのは、栄誉より重責のほうだった。自信がないという意味ではない。ただ福本は日本で走り出した、いや、ようやく走り出すことができたばかりだったのだ。

「あまりにも急すぎて、早すぎて」

僕はまだスタートラインにも立っていない。三つ星のオーナーシェフとなった彼は、本気でそう言った。

黄色人種は虫でも食べとけ！

福本はイタリアで三年四カ月修業した後、二〇〇二年七月にスペインへ渡っている。その理由を、当時はこう語っていた。

「世界でいちばん勢いのある国だから。経済も、ファッションも、もちろん料理も」

スペインでは三つ星『エル・ブリ』※2が「世界のベストレストラン五〇」※3でついに一位を獲得した、ちょうどその年だった。『エル・ブリ』のシェフ、フェラン・アドリアは、後にエスプーマ（窒素を使って食材をムース化する器具）など革新的なアプローチで、いわゆるモダン・スパニッシュ[※4]を牽引《けんいん》した人物。誰も見たことのない世界観を次々と、花火のように打ち上げていた。

料理の最先端はスペインにある。スペインで何かが起きている。誰もがそう胸を高鳴らせ、イタリアやフランスからスペインへ修業の場を移したり、短期研修や食べ歩きに訪れる日本人コックが増え始めていた時期である。

福本はここぞと思う店五〜六軒に手紙を書き、返事がきた二軒のうち、バスク地方の『ムガリッツ』を選んだ。オープンしてまだ三年、一つ星の店だったが、「若い勢い」を感じたのだそうだ。シェフのアンドーニ・ルイス・アドゥリスは前年、スペインの格付けガイドブックで「その年もっとも活躍した若手シェフ」に選ばれた人物。後に数々の賞や評価を得て、世界的なシェフになっていく。

新芽がグングン伸びていくような成長期のチームに、福本は参加できたわけだ。コックが二五人もいる厨房、三人掛かりで一皿を構築する料理、そして七歳違いのアンドーニの哲学的な考えや詩的な発想。

「イタリアとは何もかもが違う。すべてが勉強になります」

スペインへ国際電話をかけたとき、彼の声は珍しく興奮気味に響いていた。

　ここで半年ほど学んだ後、次はぐっと南下してバレンシア地方の一つ星（当時）『カ・セント』へ移る。オーナーのセント・アレクサンドレがサービス、息子のラウールが総料理長を務める魚料理専門のレストラン。モダン・スパニッシュで多用されるマシンやテクニックには走らず、土地の伝統料理や素材を新しい視点で切り取った料理に惹かれたのだ。

　しかし、世界中からさまざまな人種の料理人が集まっていた北と違い、南の土地でアジア人はまだ珍しい時代だった。入店して一カ月が経った頃、その事件は起きた。

　オープンキッチンで働く福本を見て、地元客がこう吐き捨てたのだ。

「アジア人がバレンシアの料理を作るっていうのか？　黄色人種は虫でも食べとけ！」

　思わず、何やねん！　と客に言い返した福本は、ラウールに一喝された。そこからラウールと福本の喧嘩《けんか》になって、胸ぐらを摑《つか》み、摑まれ。止めに入ったはずのセントは、厨房から福本だけを叩き出した。出て行け、一生戻って来るなと怒鳴り、働いた分の給金を投げつけたという。

　返した台詞《せりふ》は「上等や」。

　福本には、理解できなかったのだ。たしかに客への態度として自分にも非があったことは認めるが、それでもなぜシェフが部下を守ろうとしないのか、その怒りが傷つけられた側へ向かってくるのか。

「おかしいやん。おまえは僕を雇ってるんやろ？　って」

古い土地柄で、アジア人に偏見をもつ人がいることは承知の上。差別なんてどこに行ってもありえること。覚悟はとっくにしていても、差別を受けた側が謝る、ということには納得できない。

「いくら勉強させてもらう身分でも、従業員の立場でも、人であるかぎり守るべきものはある」

福本はお金を厨房の入り口に重ねて置き、そのまま出て行った。

「これで終わりじゃない。僕の人生、まだまだつづくんやから」

イタリアでもそうだったが、こういうとき、福本は下を向かない。苦しいときこそ「動かなあかん」と自分の尻を叩いてきた。海外で得たい何かがあるならば、いちいち立ち止まっている休み時間などないのだ。彼は再びバスクに戻り、『クルサール』というレストランに入店、魚料理の部門シェフになった。

セントとラウールに再会したのは、同年の十一月。バスクで一九九九年からつづく、最高美食会議（各地を代表する料理人や研究者などが、新しい料理法や理論などを発表・共有する学会）の会場だった。

「彼らは僕を見つけた途端、真っ直ぐに歩いてきたんです。言葉は二つだけ。〝ごめんな、伸也〟と〝元気だったか？〟。僕はうれしかった。気持ちの入った言葉だったから、素直に、もう単純にうれしかった」

親子は「戻ってきてほしい」と福本に申し出た。働くために必要な就労ビザと許可証など申請のための書類一式、シェフのポジション、家、申し分のない給料、それらをすべて用意するから、と。

「戻ると答えました。もちろん。あの店にいたのはたった一カ月で、僕はやり残したことを学びたいという、それだけ。でも彼らは全部揃えて迎えてくれた。本当に、全部ですよ！」

彼が「本当に」と念を押したくなるのも当然だ。フランスやイタリアにつづいてスペインでも、ＥＵ統合以降は年々、外国人の就労ビザや滞在許可証取得が困難になっていった。働く本人の手続きも大変だが、じつは受け入れるオーナー側の準備こそ煩雑《はんざつ》を極める。スペインの場合は就労用居住許可証の申請、日本人雇用の理由（どうしてもその人でなければならないことの証明）を書いた書類の提出、社会保険加入の保証など、さまざまな準備に走り回らなければならない。もちろん家賃の支払い、シェフ待遇の高額な給料もレストランの経営者にとっては身を削る問題だ。

それでも『カ・セント』親子は一つ残らず用意した。贖罪《しょくざい》の気持ちだったのだろうか？いや、それだけでできるほど簡単なことじゃないはずだ。だとすれば福本が、彼らにとって重要な人材であったということではないだろうか。

だがそれについて理由を訊いたことはないそうだ。彼にとって大事なのは、二度目の『カ・セント』で家族の絆が生まれたという事実。そしてその後二年間にわたり、福本はシェフとして力をつけていく。

「おかん」からの国際電話

二〇〇六年には父のセントが引退、同時に店を改装した。二つ星を獲りにいくのだろう、これから『カ・セント』をつくり直していくというラウールは、福本に「共同経営者にならないか」と声をかけた。一緒に店を育て、上を狙っていくパートナーとして。答えは「もちろん」だ。

このとき、福本の目には新生『カ・セント』での未来しか見えていなかった。日本でなくスペインで、料理人としてどこまでいけるか。大海に漕《こ》ぎ出すような期待感しかなかった。

「おかん」から国際電話がきたのは、そんな気持ちが膨らんでいた矢先のことだ。様子がちょっと変だった。

「会話しても、何言うてるかわからへんのです」

どうも口が回らないらしい。夏休みに帰国して大きな病院へ連れていくと、おそらくはストレスだろうという診断が出た。おかんも彼も深刻な病気じゃなさそうだということにほっとして、福本はスペインへ戻った。

けれどその一カ月後、再び病院から国際電話がくる。

ALS（筋萎縮性側索《そくさく》硬化症）という難病だった。筋肉を動かす神経が障がいを受けるため、手足、喉《のど》、舌といった全身の筋肉が痩せていく病気である。話しづらい、食べ物が飲み込みにくいという症状から始まり、次第に呼吸や歩行が困難になり、やがて水を飲むことさえできなくなる。そしてその進行を、止めることができない。

「三カ月後にはこうなる、一年後にはこうなると。その説明を電話で訊きながら、もう日本へ戻ろうと決めていました」

母子家庭で育った彼には、父がいない。ただひとりの兄は知的障がいをもっている。兄の面倒を見て、一家を支えてきたのはおかんだ。今、おかんはどんどん変わっていく自分の姿に希望を失って、「死にたい」とまで漏らしている。

「もう僕しかおれへん。お世話になったスペインの店もこれからというときだったけど、日本に帰らない道を選んでもよかったんだろうけど、でも人間として大事なのはどっちや？　って」

そもそも福本が料理人になったのは、おかんのためだ。苦労をかけたおかん、「がんばんねんよ」と海外へ送り出してくれたおかんを、料理人になって喜ばせたい。二〇〇二年の取材当時から、彼はそれを繰り返し語っていた。

福本にしてみれば、「あたりまえのことを、あたりまえに選んだだけ」。しかしその瞬間、ずっとつづいていくはずだったスペインでの日々は、コンセントを抜いたように突然切れた。

厨房から離れた料理人

二〇〇六年七月。

神戸で待っていた母は、たった一カ月前ともまるで違う姿になっていた。これはあかん。会った途端にその言葉を呑み込むほどだったが、当のおかんは、息子が戻ってきてちょっとうれしそうだった。それにしても、何をどうしたらいいのか。二十八歳。介護なんて生まれて初めてのことだ。

「昨日と今日でも容態が変わってしまうんです。急変、入院、手術、そういうのがしょっちゅうで、それを次々と決断するのが僕の役目でした」

私から見た福本は、決断力の人である。どんな質問をしても、迷いなくスパッと即答する人。答えの後に「もちろん」と加えるのも変わらない口癖だ。けれど今回ばかりはその彼でさえ、止められない時間に「待ってくれ」と叫びたくなるほどの、急で、つらい決断の連続だったという。

たとえば呼吸ができなくなったら、その場で手術を迫られる。了承するしか道はない。でも、どんな言葉で説明すればいいのか。

「お母さん、喉に穴あけるよ。ええか？　ごめんな、生きるために必要なんよ」

彼が話せば、おかんは「ええよ」と答えた。

死にたいほど絶望していたおかんに、「生きよう」という気力を与えたのは間違いなく彼だ。

味覚がなくなっても、口から食べられなくなっても、おかんは食欲を諦めなかった。もう食べられないのに、「カレーライスが食べたい」と言うおかんのため、福本はスパイスを調合して本気のカレーを作り、香りだけでも楽しませた。「アイスクリーム」と言われれば唇に当てて温度を感じさせる、そのためだけにレストランのそれを手作りした。料理を作って喜んでもらうということが、いつの間にか彼自身の支えにもなっていた。

在宅でつきっきりの介護が必要だったから、レストランの仕事には就けなかったのだ。料理を作るのは家の中、家族のためにだけ。厨房から離れた料理人は、どんな心境だったのだろうか。焦りや悔しさはなかったのだろうか。それとも考える暇なんてなかったのか。訊ねると、彼はこんな話をしてくれた。

じつはおかんが一時入院した際、三日間だけ弁当屋でアルバイトしたことがあるのだそうだ。隣のベッドの患者が店の経営者という縁だった。作るのは焼き鮭弁当やハンバーグ弁当。だが彼は咄嗟《とっさ》に、調理場に立てる、と思った。

「うわー料理が作れる！　って。それだけで僕、ほんまに幸せでした。どんな厨房でも、料理は料理。自分に意志さえもっとけば、求めるっていうことはいつでもできるんだなって」

『カ・セント』という名に恩を返す

帰国して一年後に、母・博美さんは亡くなった。かぎられた時間の中で、息子として、すべきことをまっとうしたという思いはある。

ではすべてが終わったとき、彼は自由になったのだろうか？　否。「これから自分の人生を生きよう」という気持ちには、まったくなれなかったのだそうだ。

「まずは食べていかなあかん。お兄ちゃんと一緒にやっていかなあかん。僕の人生に与えられるできごとが、急すぎて、早すぎて、目標とか将来なんて考えられへん」

何はともあれ職探しだ。長い海外生活で神戸の事情はわからなかったから、昔働いていた店の先輩を頼った。

シェフのポジション[※5]で探したのかと訊ねると、「全然！」と返ってきた。それどころかイタリア料理だスペイン料理だという要望さえなかったという。ただただ、料理の仕事ならどこでも働かせてもらおうという気持ち。

「僕は料理しかできへんから」

洋食屋にも勤めた。二店を掛け持ちもした。まさに「食いつないで」いたその最中、知り合いが、今度新規オープンする店でシェフを探しているという話を教えてくれた。オーナーに会い、予定しているという物件を見に行った。

この街から出られないこと、それだけは決まっている。神戸で生きていく。その覚悟をもってそこへ立った瞬間、「いい場所やな」と感じた。

「真っ白な気持ちでできる環境。目標は定まっていなかったけど、でも、そのうちにやりたいことが出てくるかなと。ここでやっていこうと思えました」

もしも自分がシェフになることがあれば、店名は『カ・セント』にすると決めていた。たんに修業していた店へのオマージュでなく、彼曰く「恩返し」なのだそうだ。勉強させてくれた恩がある。この上ない条件で迎え、家族にしてくれた恩がある。そして、さあこれから上を目指していこうという矢先、事情を理解して帰国させてくれた恩がある。いや、もっともっと。

『カ・セント』という名に恩を返していく。である以上、もはや「料理ができるだけでいい」と言っているわけにはいかなくなった。

理想のオーナー

二〇〇八年五月、神戸『カ・セント』が開店して早々に、私はランチで訪れている。正直、目の前のできごとが信じられなかった。全一二皿、すべてがわくわくするようなアイデアの連続。ブランクを感じさせない、というよりむしろ一歩先をいく創造性。料理することが楽しくてしかたない、そんな気持ちが皿から溢れ出して止まらない。

ふと「伸びる前には縮むもの」という昔のCMコピーを思い出した。コックコートを脱いでいた一年。彼の、出口の見えない当時の心境は想像を絶するが、料理への渇望を蓄えた分、高く高く飛んでいる。そんなふうに見えた。

だが一方で、彼が伸びようとすればするほど、オーナーとはすれ違ってしまった。作りたい料理と、経営のさじ加減の問題である。

「原価とか利益とか。経営者ならあたりまえやと思うけど、でも僕、あたりまえが嫌いなんです（笑）」

オーナーは、わずか三カ月で閉店を決めた。

あっけなく幕切れか。でもまだ何も始まっていない。ここで終わらせるわけにはいかない。その一心であらゆる知り合いに相談すると、ワインショップ『ジェロボアム』店主、安藤博文・美保夫妻が、こう助言してくれた。

「融資を受けて、自分で店をやってみたらどう？」

福本はその足で日本政策金融公庫へ行くが、お金を借りることはできなかった。

いくらスペインでシェフとしての実績があるといっても、海外の店となると、多くは審査の判断材料にしてもらえない。自己資金もなければ、お金を借りられる信用もない。これは海外修業から帰った料理人が一様にぶち当たる壁だ。

するとと夫妻は自分たちが代わりに融資を受け、一緒にやろうか、と言ってくれた。返済期限は五年。「その先、店をどうするかは福本くんが考えていけばいい」という一言を添えて。

「常識でいったら、ありえへんことですよね。でも僕からすれば理想のオーナーでした。料理に関しては全面的に任せてくれる、でもそれ以外の意見は言ってくれる。お互いにプロとして言い合える関係です」

トップダウンでなく、キャッチボールができるパートナーを得たということか。

それにしても、である。他人のために借金をするなんて、賭けというか無謀《むぼう》というか、よほどのことがなければできない大きな決断だ。どうしてもその理由が知りたくて、私は安藤氏に連絡を取った。氏は、「これといった理由はないのですが……」と、思いがけない言葉を発した。

「でも一つあるとすれば〝人〟です。初めて会ったとき、彼はしっかり両手で握手してきて、真っ直ぐに目を見て挨拶しました。僕は彼の経歴も知らなかったけど、ものをつくる人は人物に魅力がある。きっといい料理を作るんだろうなと。彼をフォローしようと決めることは、僕らにとって、不思議と重い決断ではありませんでした」

偶然にも、夫妻の名前は「博文」、「美保」。一字ずつ取ると、おかんの名前「博美」になる、と福本は語った。

せっかく神戸にいるんだから

改装も終えて心機一転、『カ・セント』が再始動したのは同年十月。

当時の日本にはすでに、パエリアやサングリアではない、新しいスペイン料理の波が届いていた。バルのタパス文化※6と、『エル・ブリ』風のモダン・スパニッシュである。

けれど逆にいえば、スペインというと決まって二つのどちらかに振り分けられる。スタイリッシュなプレゼンテーションの皿なら何でもモダンと括《くく》ってしまう風潮が日本にはあり、福本にはそれがはがゆかった。

「僕の料理がモダン・スパニッシュって言われると、何言うてんねんって」

だからといって、バレンシアの伝統料理をそのまま再現する皿でもない。福本自身はこの頃、取材やお客に訊ねられると必ず「イタリア料理とかスペイン料理で括るのでなく、二つの国で修業した僕の料理」と答えている。

恩返しの料理。それは『カ・セント』にかぎらず、ヨーロッパでお世話になった計八年もの間、見てきたもの、経験してきたこと、技術も考え方も、すべてを注ぎ込んだ福本伸也の料理でなければいけないのだ。

「僕はおいしさしか求めない。素材しか見ていない」

この言葉を分解すると、アイデアの斬新《ざんしん》さや技術を面白がる料理ではなく、すべてが味、自分の思うおいしさに向かっていく料理、の意味になる。そして調理技術は、素材を超えるものではないということも。

順を追って話していこう。

福本の料理はまず、土地の食材に目を向けることから始まる。口癖は「せっかく神戸にいるんだから」。バレンシアにいるならバレンシアの食材を使うけれど、神戸には神戸の生産物がある。つまり、彼の料理は今自分が踏みしめている、その足元から生まれるということだ。

先に「この街から出られない」と書いたが、出たいのに出られないというニュアンスではなく、選択の余地はなかった、という客観的事実である。神戸は、なんといっても彼の故郷なのだ。

「都会でお洒落《しやれ》なのに、山も海も近くにある街」

そう語るときは、ちょっと誇らしげにも見える。

神戸で料理人として再始動した時点から、海外期間の空白を埋めるように、福本はあらためて故郷の食材について猛勉強していた。生産者の情報を集めたり調べたりして、気になったらすぐバイクを飛ばす。ひとっ走りすれば、すぐ生産者に会える土地だからできること。山には牛や山羊《やぎ》を育てチーズを作る牧場があり、豊かな緑の中では蜂蜜も採れる。無農薬・低農薬で育てる野菜。海なら播磨灘《はりまなだ》の魚介。作る人、育てる人、捕る人に会うと、「なぜおいしいのか」がわかる。すると、素材のどこに焦点を絞るべきかが見えてくるのだそうだ。

「僕はエスプーマとかガストロバック（減圧加熱調理器）とか、使わないんです。否定するわけじゃなくて、一度は触ってみたけど、僕の料理には必要ないなって思ったから。今厨房にあるのは必要なものだけです」

たしかに、厨房は意外なほど基本的で、彼が唯一「最新」と自慢したのは、自分で設計した炭火焼グリルだった。火からの距離を、ごく緻密《ちみつ》なピッチで調整できるのだという。モダン・スパニッシュが最新調理技術を更新していく傾向なのに対して、福本はいたってプリミティブな手法を好む。

たとえば、生なのか加熱してあるのかギリギリまで曖昧《あいまい》な、ボタン海老の一皿。〝ぷりん〟とも〝ねっとり〟ともつかない世にも不思議な食感は、てっきり真空調理（食材を真空密封し、低温で加熱する調理法）かと思いきや、なんと「茹《ゆ》でるだけ」だった。

曰く、重要なのは生きた海老であること。それを本当にただ茹でるのだが、湯温はきっちり九〇℃、時間は一分＋α。海老の個体差を見極め、このαを感覚で決める仕事は、シェフである福本にしかできない。そうして引き揚げた海老はすぐさま、海水よりやや塩分濃度の高い氷水に三時間半浸《つ》ける。

「海に戻してやって、再び命を加えていくんです」

技術自体は昔からあるもの。だが、新しい視点でそれらを用いることで、固定概念をひっくり返すような味や食感をつくり出す。

福本の料理は、やんちゃ坊主の目をした彼らしい、「楽しい」のパレードだ。寿司のように手づかみで食べるマリネ、「パリンの後につるん」の食感がくるフォアグラ、白菜と白トリュフの共通項に驚くフラン。どんどん楽しさが加速して、思わず笑いたくなっていく。

何ごとも全力じゃなければ、反省もできない

二度目のスタートを切った『カ・セント』は、あっという間に「予約の取れないレストラン」と言われるようになった。その二年後には三つ星というスピードである。

「僕は、自分が才能ある人間やと思ったことがない」

そう言った後、「ああ、でも天才やと思ったことはあるな」と冗談混じりに笑った。不器用だからこそ何回も何回も練習して、やっとできたときなんかにそう思う、と。

十五歳から料理の世界に入って、二十年。一歩一歩、雪道を踏み固めるようにして前へ進んできた人。昨日より今日、今日より明日。まだ振り返っていい年じゃないし、遠い先の景色も想像できない。だから三つ星も、「僕というできてない料理人を、応援してくれているもの」という意味に受け取っている。

二〇一三年七月には、安藤夫妻から店を買い取り、晴れてオーナーシェフになった。それを機に、店名に自分の名前を加えて『カ・セント シンヤ・フクモト』と変えている。

「恩返しは一生かかるもんやと思う」

じつは、スペインの『カ・セント』は二〇一二年に閉店した。複雑な思いの中で福本は、しかしいつかは『カ・セント』を店名から外さなければならないと感じている。独り立ち、

である。

「あの店で学んだことは僕の中に生きています。いつか勝負するときがきたら、『シンヤ・フクモト』だけでいこうと。それが僕の本当のスタートラインやと思う」


福本に最後の取材をする前夜のディナーは、二カ月待った席だった。もちろん満席。それぞれが食事を終えて帰るとき、彼はそのたびに厨房から飛び出して、その夜のお客全員に頭を下げていた。

「ありがとうございます。楽しんでもらえましたか?」

そのお辞儀は、まるで空手のようにビシッと型が決まっている。誰に対しても崩さないし、流さない。出勤前、毎日神棚に手を合わせるそうだが、たぶんそれと同じくらいの気合いを入れているのだろうと想像される。

「何ごとも全力じゃなければ、反省もできない」

福本の言葉が、お辞儀に重なる。料理はもちろん、掃除のときも、スタッフを叱るときも、悩むときも、彼はたしかに全力だ。

完璧というゴールはないけど、でも完璧に向かいつづけることが大事だという彼に、気持ちが途切れることはないのかと訊ねたことがある。

彼は「ない」と即答した。

「ああ、そうなったときが怖いですね。僕が料理人をつづけていくうえで、絶対になくしたくないものです」

僕は料理しかできへんから。

福本がこの口癖を言うときは、謙遜というよりむしろ胸を張った語気になる。

これまで先輩や同僚コックから、いつも「料理だけじゃ駄目だ」と忠告されてきた。オーナーシェフになるつもりなら、料理バカじゃいけない。ほかに趣味をもって、見聞を広げたほうがいいと。

たしかに一理ある。けれど何度も繰り返していたその言葉は、どんな状況のときにも彼を支え、彼が守り抜いた、彼の誇り。福本にとって「料理しかできへん」は、「料理だけは誰にも負けへん」の意味である。

※1 ミシュランガイド
フランスのタイヤメーカー、ミシュラン社が発行するガイドブック。地図、旅行ガイドなどもあるが、レストラン・ホテルの格付けガイドは赤い装丁。評価を星の数（三つ星が最高）で示す。対象は世界二三カ国（二〇一三年現在）。日本はアジアで初めて、二〇〇七年に『ミシュランガイド 東京 二〇〇八』が発行された。関西版は、二〇〇九年（二〇一〇年版）にまず大阪・京都が登場。翌年神戸、さらに翌年は奈良が加わった。特別版として北海道二〇一二年、広島二〇一三年、福岡・佐賀二〇一四年がある。

※2 『エル・ブリ』
スペイン・カタルーニャ州にあり、一九九七年より三つ星。四五席に年間二〇〇万件もの予約が殺到し、「世界一予約の取れないレストラン」といわれたが、料理研究財団設立のため二〇一一年に閉店。

※3 世界のベストレストラン五〇
イギリス『レストラン』誌が主催するレストラン・ランキング。料理評論家など、業界の専門家九〇〇人以上によって毎年選出される。世界中からもっとも注目され、かつ影響力をもつランキングの一つ。「アジアのベストレストラン五〇」などエリア別もある。

※4 モダン・スパニッシュ
伝統料理やそのアレンジといった系譜とは異なる、革新的なスペイン料理の流れ。コンセプチュアルな考え方、テクノロジーを駆使した皿は、料理というよりサイエンスとも、前衛とも評された。

※5 シェフのポジション
シェフ＝料理長であり、厨房＝現場で料理人（コック）組織のトップに立つポジション。ただし店の規模などにより、さらに総料理長またはエグゼクティブシェフなどが、シェフの上に立つ場合もある。ちなみにオーナーシェフは経営者

であるシェフ、業界でいう「雇われシェフ」とは被雇用者であるシェフを指す。

※6　バルのタパス文化
タパスとは、スペインのバル（酒場）などで供される小皿料理。イタリア料理が前菜・第一の皿（パスタやリゾット）・第二の皿（メイン）で構成されるのに対し、「好きなものを好きな順番で、ちょっとずつ食べられる」タパスは日本人の居酒屋文化にも通じ、二〇〇四年頃からのバルブームとともにあっという間に浸透した。

Shinya Fukumoto

十五歳から料理の世界に入る。関西のフレンチとイタリアンで修業後、二十歳で渡伊。エミリア＝ロマーニャ州、ピエモンテ州、カンパーニャ州のリストランテを経て、ロンバルディア州『サドレル』で二年間修業。スペインへ渡り、バスク『ムガリッツ』、バレンシア『カ・セント』の後、バスク『クルサール』で魚料理の部門シェフを務める。二〇〇四年『カ・セント』シェフに就任。約二年後、母の介護のため帰国。二〇〇八年、神戸『カ・セント』シェフに就任。三カ月で閉店するも、オーナー交代により同年十月に再オープン。二〇一〇年、三十二歳でミシュラン三つ星を獲得（現在も維持）。二〇一三年にはオーナーシェフとなり、『カ・セント シンヤ・フクモト』と改名。

第二章

ビジネスの視点から見れば、それはもう面白い国

泊 義人
『Kitchen Igosso』（中華人民共和国・北京）
一九七三年、大阪府生まれ

北京の息づかい

北京首都国際空港ターミナルⅢは、イギリス人建築家、ノーマン・フォスターの設計だそうだ。支柱というのだろうか。無数の赤いラインをドラマティックに交錯させた天井、窓。噂のモダン建築の洗礼をさっそく受けて、この街は本当に変わったんだなと実感する。

傾斜した窓の外では、滑走路がグレイに霞《かす》んでいた。綺麗だな。一瞬、そう思った直後に、ハッとした。もしかしてあれがPM二・五？　日本では連日、中国の深刻な大気汚染[※1]が報道されていて、北京へ行くと言うと必ず「高機能マスクを忘れずに」と周りから助言されていたのだ。慌てて鞄《かばん》の底をかき回しマスクを探す。でも探しながら、どこか申しわけない気持ちにもなってくる。彼はこの街で暮らしているのだから。

二〇一三年十月、この国へ来たのは泊《とまり》義人《よしひと》に会うためだ。

北京暮らしも、もうすぐ十年。この間にオリンピックを迎え、経済が凄まじい勢いで伸びて、人間も街も貌《かお》を変えていった、そんな時代の真っただ中にいつづけた日本人コックである。彼には二〇〇二年にイタリアで、二〇〇三年に日本で、そして二〇〇四年に中国で会い、取材している。それから長い時間が経った。

その夜は、泊がシェフを務めるイタリア料理店で食事をする予定である。私はやはりマスクを鞄に戻して住所へ向かうことにした。

「本当に北京まで来てくれたんですね」

少し遅れて店へ入ってきた泊は、まだどこか半信半疑な声で「ありがとうございます、お久しぶりです」とつづけた。

アスリートのように痩せていた体は厚みを増し、ある意味シェフっぽく貫禄がついた。短かった髪は長髪になって、そして何より違うのは、日本で会ったときには想像すらできなかったスカッと抜けるような笑顔を見せることだ。笑うときの大きな声には、余裕さえ感じるほどに。

遅れたのは、本社の会議が長引いたからだそうだ。もうすぐ四十歳。彼は中国に八店舗を展開する外食企業に所属して、イタリアン二店舗の総料理長になっていた。この年、日本人女性と結婚もしたばかりだという。

取材は翌日、あらためて行われた。

再び店で待ち合わせると、「ここからちょっと離れた場所にある点心の店で、ゆっくり話をしましょう」、そう言って泊は電動バイクに乗り込んだ。形はスクーター型だが、自転車と同じ扱いで運転免許が要らないそうだ。

「北京は渋滞だらけだから、車よりこっちが便利なんです。さ、どうぞ」

とバックシートを空けた。一瞬かたまってしまった。目の前の道路は、自分のルールで走る自動車やバイクや自転車でごった返している。あちこちであからさまに不機嫌なクラクションが鳴っていて、事故かセーフかわからないボコボコの車が横切っていく。この混沌の中に、ノーヘルで……。

内心ビクビクしながら乗り込むと、しかし走り始めた途端、街が生き生きと動き出した。

まるで動物の群れの中にいるように、北京の息づかいが伝わってくる。バイクに乗ったおじさんの茶色い汗と頬の土埃《つちぼこり》。きっちりと結んだ髪を揺らしてグイグイとペダルを漕《こ》ぎ、渋滞をすり抜ける女子学生。歩道では、おばさんが濛々《もうもう》と立ち昇る煙の中で何かを焼きながら大声をあげている。

何というか、堂々たる人間臭さ。北京の風を切りながら、むき出しになった生きる力というものを、全身に浴びている気がした。

十年、彼はこの中を毎日駆け抜けてきたのだ。

僕は日本じゃなくて本当によかった

声を張らないとかき消されるような喧噪《けんそう》の店で、取材は始まった。

この国のおびただしい人口を物語るように、点心屋はおそらく何百席規模の大箱ながら一階が満席で、二階も九割がた埋まっている。

いつも行くお店があれば連れていってください、とリクエストして、着いたのがここ。独身時代に時々、深夜のひとりごはんを食べていた店だという。

「僕、ごはん作らないんですよ。自分のために自分で料理するというのが、ホント好きじゃない」

それはずっと昔からのことで、日本でも一人暮らしのときはコンビニ弁当が定番だった。泊が中国へ渡った二カ月後に、ちょうど北京のセブン‐イレブン一号店が開店。待ってましたとばかりに駆けつけ、そして弁当の種類が選べて何もかも揃っている、日本との違いにがっかりした。がっかりはしたが、泊はけっしてこの国を諦めない言い方をする。

「最近ではよくなってきましたよ。もがき苦しんでるのがわかります」

話を点心の店に戻すと、ここには、工場で作られるパンやカップ麺などインスタントの食生活が「そろそろあかんな」と感じたときに駆け込んでいたそうだ。仕事終わりの二十四時以降も開いていて、人の手を感じるものが食べられ、ほかの店よりも軽い味つけ。大きな四人がけのテーブルで深夜ひとり、小籠包《ショーロンポー》や麺をすする姿を想像した。北京語の洪水の中、彼はどんな気持ちを抱えながら食べていたのだろうか。

「今思うのは、僕は日本じゃなくて本当に良かったなぁって」

これを一番に言いたかったというように突然切り出した泊は、つづけて「結果論ですよ、結果論」と大きな声で笑った。

イタリア修業を終え、意気揚々と日本に帰った当時は料理さえ確かなら評価されると信じていた。腕に自信があったのだ。逆にいえば、「料理しか見ていなかった」。自分がおいしいと感じる料理を作ること、それがすべてで、お客に喜んでもらうにはどうしたらいいか？　なんて考えたこともなかったという。

「その視野が、中国に来てぶわーっと広がったんです。正直に言えば、料理人としてイタリア料理を究《きわ》めたいなら、僕は中国にいない。僕が魅力を感じたのはビジネスです。レストラン・ビジネスで成功したいっていうシフトに切り替わった。その視点から見れば、もう、それは面白い国です」

十年の間に、日本から来たイタリア料理人はほかにもう一人だけいたそうだ。だが、半年で帰国してしまった。

「ずっとつづけてこられたのは僕しかいない。それがすべてを物語っていると思う」

なぜ、イタリアで修業したコックが北京へ渡ったのか。じつはその経緯には、私も少しばかり関わっていた。

常にピストルを向けられているような厨房

二〇〇三年夏、泊は東京にいた。港区に新規オープンする高級リストランテの副料理長というポストを得て、約三年修業したイタリアから年の初めに帰国。だが開店後、わずか五カ月でその店を辞めてしまった。与えられた仕事をまっとうできなかった経験は、料理人生で初めてのことだったという。

イタリア以来、泊に再び取材したのはまさにその頃である。半年で一〇キロ痩せ、顔色は青ざめ、声に生気がない。何より、挨拶《あいさつ》の笑みさえもぎこちない。笑顔がうまくつくれないのだ。

なぜこうなってしまったのか。

その理由を、彼は「上司（料理長）と、それに反発する部下（コック）たちをまとめるという、自分の役割が果たせなかったんです」とだけ答えた。頑《かたく》なに、必要以上に、誰の批判もせず自分を責めていた。

当時の取材ノートには、彼のこんな言葉が記されている。

「常にピストルを向けられているような厨房でした。イタリアで感じたポジティブな緊張感でなく、ある種の恐怖感に支配される厨房です」

彼は「僕が未熟だった」と何度も認めながら、どこか日本の厨房組織そのものに失望しているように見えた。ただ、絶望はしていなかったと思う。

「また一から出直しです」

声に出して自身に言い聞かせ、わずかに残った気力を振り絞っているようだった。

再会から少し経ったその年の冬、私は、北京に新規開店するイタリア料理店でシェフを探していると、オーナーになる人物から相談された。シェフとして任せられる実力と人望を備えた人、しかし完成された人でなく若手の、フロンティア精神がある人。そんな人はいないか？　と訊かれ、一瞬、泊の顔がよぎった。

私は、取材対象者の人生には介入しないことを決めている。責任ももてないし、フラットな立ち位置を守りたいからだ。けれどこのときばかりは迷ってしまった。ニーズに合致しそうな人材を知っていて、もしかしたら当人もそれをチャンスと捉えるかもしれない。

情報を私の段階で遮《さえぎ》ることは、かえって彼らの出会いを阻《はば》み、彼らの選択肢を減らすという「介入」になるのではないか。カードを並べ、引くのは本人だ。そう考え直して情報だけを伝えることにした。

伝えたのは十二月五日金曜日。ゆっくり考えたほうがいいと言ったのに、「やります」という返事がきたのは日曜日。中一日で、泊は北京のカードを引いた。

「お話を伺ったときから、たぶん自分の気持ちは決まっていたと思う」

理由を訊ねると、「僕は一瞬一瞬、今を生きたいから」と返ってきた。

副料理長を辞めてからの泊は、先輩コックの紹介で、百貨店にあるイタリア高級食材店のイートインでアルバイトをしていた。一時的に働きながら就職先を探すつもりだったのだそうだ。だが実際は泊以外に調理できる人がいないため、休めない状況に陥った。職探しが一向に進まない中、毎日がバイトで埋まっていった。

そういうコックは、しかし当時の日本には溢れていた。一九九〇年代のイタリアンブームは多くの申し子を生み、こぞって現地へ渡ったものの、二〇〇〇年代に帰ってみればコックは飽和状態。石を投げれば「イタリア帰り」に当たるといわれ、しかも不景気で少ない椅子は奪い合いになる。

泊は、その競争に参加さえできないでいた。そして忙しいといっても、現実にしている仕事は真空パックの半調理品を温めること。「こんなことを言うと、紹介してくれた先輩やほかのスタッフに申しわけないけど」と彼は何度もことわりながら、「でもはっきり言ってつまらない、楽しくないんです。今の俺は死んでいるじゃないかって」と呟《つぶや》いた。

「同時に（料理から離れて）やっと、自分は本当に料理を作ることが好きなんやな、ってわかったんです」

北京のオーナーに自分の料理を試食してもらう日、彼は武者震《むしゃぶる》いしたという。怖かったわけでも緊張していたのでもない。うれしくてうれしくて、膝がガクガクしたのだそうだ。

「二〇〇八年のオリンピックに向けて、きっと北京は、今思っているより遙《はる》かに大都市になっているだろうと。その街で自分の舞台をつくれるという、期待しかありませんでした」

お湯と洗剤でトマトを洗ってしまうコック

北京にイタリア料理店『イル・ミリオーネ』がオープンしたのは、翌年の二〇〇四年八月。各国大使館や五つ星ホテル、ショッピングセンターも近い一等地に建つ、日本人向け高級マンションの付帯施設としてつくられたものだ。

北京は、すでに階段を二段飛びで駆け上がるような勢いに満ちていた。人々は人民服の時代を忘れたかのように輸入ブランドに着替え、街じゅうが工事中で、道路にはベンツが何台も走っていく。スターバックス・コーヒーもとうに参入していたし、巨大なショッピングセンターには銀座と同じ店が並んでいる。

ただしイタリア料理店に関しては、ホテル内のリストランテが数えるほどしかなかったという。街なかにもごく少数あるにはあったが、ピザチェーン店や洋食のような料理で、イタリア現地の料理を知る者はもちろん、日本のイタリア料理に馴れている人々にも、到底満足できない状態だった。

たとえるなら、一九七〇年代の日本にタイムスリップしたようなものである。アメリカ経由の、タバスコをかけるナポリタンをイタリアンだと信じていた日本人に、在日イタリア人や初期の海外修業組シェフが孤軍奮闘していた時代。

泊はすぐに、自分の役割は「北京にイタリア料理を紹介する」段階にあることを悟った。メニューは、たとえばカルボナーラやアッラビアータ、ボンゴレのような、イタリアのいろは的な伝統料理を中心に据え、ピエモンテ州の郷土料理・うなぎのマリネといったコアな料理は一割ほどに抑えた。

せっかくイタリアで学んできた料理を封印しなければならないわけだが、ストレスよりも、使命感のほうが勝《まさ》ったという。

それよりも、イタリア料理の文化がない国で、真の問題は料理より人間だった。集まったスタッフのほとんどが、ところでイタリア料理って何？　という具合なのだ。いや、それ以前の話かもしれない。

「コックの募集なのに、初めて料理をするという人が普通に応募してくるんです。たとえばトマトを洗ってほしいと言うと、お湯と洗剤で洗ってしまう」

北京は、広い中国全土から、大量の人が働き口を求めてくる首都である。日本のように「コックになりたい」「サービスの勉強をしたい」なんて贅沢は言えない地方の、何人もの家族を支える一人がやってくる。

当然、目的は賃金。採用されたスタッフにしてみれば、得た職場がたまたまイタリア料理なるものを作る店だったというだけである。ちょっと叱られたり、もっといい条件の仕事が見つかれば、突然いなくなることも日常茶飯事《さはんじ》。なぜならオリンピック前の好景気に沸く北京には、仕事など溢れているのだから。

彼らが見たことも食べたこともない料理を、日本語とイタリア語しか話せないシェフが、北京語の辞書を片手に一から教えるのである。食材と器具と調理法の名前、野菜の下処理の仕方、ワイングラスにワインを注ぐ量、料理をテーブルに置く向き、ナイフフォークの位置から皿を下げるタイミングまで。

北京自体を育てる

しかも中国は漢民族のほか五五の少数民族から成る大国で、出身地によって言葉も風習も考え方も違う。辞書の言葉が通じないのも普通だから、とにかく身振り手振りとコミュニケーション。そうしてお互いのことを、少しずつ知り合っていくしかない。

こんなことがあった。お客の皿に料理が残っているのに、サービススタッフがどうしてもさっさと下げてしまう。毎回注意しても、どうしても直らない。するとしばらくして、そのスタッフの出身地では料理を少量残すことが礼儀だとわかった。一口皿に残すのは終了の合図、身に染みついた習慣だったのだ。

そういうギャップの一つひとつを埋めていく毎日。

しかし泊は、振り返れば「面白かった」と表現する。もちろんその場、その場では悩み苦しんでいるのだが、日本にいたときとは悩み苦しみの種類が違う。少なくとも北京では、苦しいことも全部ひっくるめて「生きている」と感じられたのだそうだ。

「一緒に仕事をしている従業員を育て、お客さんを育てる。それは大きくいうと、北京自体を育てるということなんだなと」

ただし二〇〇四年時点の北京で、食材の問題だけは面白がるわけにはいかなかった。

当時はイタリア料理の文化がなかったため、輸入食材がきわめて少なかったのだ。たとえばオリーブオイルでも料理人は通常、加熱用、仕上げ用、野菜用、魚用、肉用など料理に合わせて複数の種類を使い分けるが、この頃の北京で手に入るのはせいぜい二、三種類。それでは選ぶ余地がない。また品質のいい食材は百貨店で売られるため高値。トマトホール一缶が二二～二五元、パルマ産生ハムにいたっては一キロあたり二七〇元。ちなみにタクシーの初乗りが一〇元、新人コックの給料が一カ月七〇〇元の時代である。

せめて生鮮食品は地元産でまかないたいが、魚介は鮮度が悪いうえ、イタリア料理に使いたい手長海老やムール貝など海のものが手に入らず、鮒《ふな》や鯉《こい》ばかり。野菜も彼曰く「農薬まみれで、自分が食べたくないものは使いたくない」。パスタやパンに必要な小麦粉は挽《ひ》き方が粗く、品質が安定していない。

何より我慢できなかったのは、市場だった。衛生環境も鮮度も、泊曰く「日本人の感覚では、ショックを受けるほどひどい状態」。とても買う気になれず、どこから買えばいいのかもわからない。

そんなとき、彼を救ってくれたのが日本人のサッカーチームだ。中国へ来て一カ月目、日本人向けのフリーペーパーにあった「サッカー好き集まれ」という告知を見てすぐに電話した。メンバーは職業もバラバラだが、中には日本料理店の板前もいて、仕入れ先などを教えてもらったり。サッカーは唯一のストレス発散にして、貴重な情報収集の場になった。

「食材の苦労は、言葉では言い尽くせません。でも野菜はともかく、中国は肉に関しては素晴らしいんですよ」

泊は、自称・肉食。店の近くにある屋台で、羊の串焼きをほぼ毎日食べていたという。新疆《しんきょう》ウイグル自治区の清真料理《チンジョン》[※2]といい、この土地は羊が多い。屋台で肉を焼く人は、肉焼きを心得ている新疆の人でなければ駄目なのだと力説する。

『イル・ミリオーネ』でも仔山羊《こやぎ》を一頭買いしてさばいたり、内モンゴルのフレッシュな羊も手に入った。それらはイタリアでの仕事に近く、そして日本では逆にできなかった体験だった。

あのとき、イタリアへ帰っていたら

開店から一、二年も経つと、『イル・ミリオーネ』の評判は日本にもインターネットを通じて伝わってきた。北京情報や個人のブログでも、「中国でこんな本格イタリアンが食べられるとは」「北京在住の日本人は、一度は行く店ではないか」などと書かれ、少なくとも日本から見たかぎりでは順風に感じられた。

しかし泊に言わせれば、それはあくまでも日本人社会の中での評判だったという。二〇〇七年、彼は「移転したい」とオーナーに申し出ていたそうだ。

「中国にいるのに、お客さんの九割以上が日本人ってどうなんだろうと」

日本人向けマンションの敷地内という立地から、日本人以外には存在すら知られていなかったのである。どんなに「北京で一番の店」を目指そうとも、店があるのは日本人社会という枠の中、いわば北京の中の日本。彼は、現地で暮らす中国人はもちろん、世界中から集まってくる人たちにも自分の料理を受け入れてほしかった。

折しも北京オリンピックが数カ月後に迫り、敷地の外では社会の勢いがピークに達している。建築ラッシュだったビル群は全貌を現し、日々、街が生まれ変わっている。その様子を毎日電動バイクで感じながら、しかし自分がそのうねりの中に入ることはない。その焦りを、正直にオーナーへぶつけてみた。

当然ながら、マンションの付帯施設である以上、移転は無理な話だ。かといって泊が、自力で出店する自己資金もない。「北京で勝負したい」という意気込みはいつまで経っても真の意味で叶わず、籠《かご》の中の鳥のような気がした。

そのとき、帰ろうとは思わなかったのだろうか。

そう訊ねると、泊は「どこへですか？」と真顔で訊き返した。それくらい「日本に帰る」という選択肢はありえないことだったらしい。たったの一度も考えたことがないという言葉に、こっちのほうが驚いた。

「日本でのあの一年間、今考えれば東京自体が僕には合わなかったんでしょうね。毎朝六時半の満員電車に詰め込まれて通勤する、そこからして打ちひしがれていましたから。日本、ましてや東京に帰りたいとは、なぜか本当に思い浮かばなかった。ただ、イタリアへは一度だけ考えました。日本に、（修業した）『アッルエノテカ』[※3]のシェフがイベントで来たとき、会いに行ったんです。その瞬間にぱーっとイタリアが蘇ってきた。ノーストレスの、ただ料理と向き合えばいいという生活が」

結局イタリアにも戻らなかったのは、北京で、別店舗のシェフのオファーがきたからだ。

北京工人体育場に新しくオープンするリストランテ。ここはサッカーの国際試合や大きなコンサートが行われるスタジアムで、オリンピック会場に指定されてからはとくに、敷地内や周辺にモダンなレストランやクラブなどが続々と現れ、デザインホテルも開業予定。当時北京に住む、感度の高い中国人たちが注目していたエリアである。

泊に、再び気力が湧いてきた。

「そこで、北京以外の選択肢が消えました。あのとき、イタリアに帰っていたら、僕はたぶん駄目になっていたと思います。イタリアではよくても、そこを出たときからまた同じ過ちを繰り返して、同じ壁にぶつかって、きっと同じように挫折していたでしょうね。今の僕は、きっとないと思う」

二〇〇八年。泊が『イル・ミリオーネ』を辞めて新天地『イゴッソ』シェフに就任した数カ月後、北京の空にはオリンピックの花火が打ち上がった。

大国の経済を支えるホワイトカラーたち

北京工人体育場にオープンした『イゴッソ』は、早くも翌年、市内の朝陽区へ移転している。ゴージャスなリストランテから、カンティーナ（蔵）を思わせるインテリアに変えてワインの印象を強め、「料理とワイン」の融合を提案する『キッチン・イゴッソ』にリニューアル。

これが当たって、二〇一三年には天津に同コンセプトの二号店を開店した。泊は、基本的に夜は北京の店に立つが、総料理長として両店舗を見ているため北京と天津に家を持ち、行ったり来たりする生活を送っていた。

二〇一三年十月。取材前夜に、私が客として訪れたのは北京のほうである。

店は、長屋に食材屋や衣料品屋がぎっしりと詰め込まれた路地の隣、労働者のための屋台が並ぶ通り沿いという、近代化を拒むかのような一角にあった。ダウンタウンや倉庫街に現れるアーティスティックなレストランのイメージを狙ったのだろうか、北京の影を感じさせる場所に、あえて『Kitchen Igosso』という英字が現れるギャップ。

店内には広々としたオープン・キッチンがあり、泊のほか若いコックたち三人が動き回る。ホールのサービススタッフも含め、彼らは全員中国人。私はキッチンを臨むカウンターに座り、あらためて店をゆっくりと眺めた。

コックたちへ穏やかに指示を出す泊の北京語、それを受けて素早く修正する彼らの様子から、関係のよさが想像できた。店の奥に目をやれば、天井の高い空間にテーブル席。ほぼ満席の店内はざわめきに満ちて、よく聞けば北京語と英語が入り交じる。その日にかぎっていえば、日本人は私ひとりだったと思う。

「今、お客さんの八割は中国人。この店で、東京みたいに複雑な料理はできません。やはりまだまだ〝紹介する〟段階はつづいていて、一歩間違えるとファミリーレストランになってしまう。僕の仕事は、いかにそうならないようもっていくか」

メニューを広げると、なるほどカルパッチョ、ボロネーゼ、ミラノ風カツレツなど日本人にとってはスタンダードな料理が多い。パスタの素材写真が載っているのも、たしかに日本のリストランテでは見かけない。

すべては「育てる」ための仕掛けである。手打ちパスタのタリオリーニやフェットチーネ、ニョッキ、ショートパスタのフジッリやファルファッレなど、種類が多く名前のややこしいパスタは、目で見て形を知ってもらうのが早い。このメニューを作って二年。今や食べ馴れたお客はパスタの特徴を覚え、「このパスタとこのソースで」とカスタマイズするという。

私は自家製サーモンマリネの燻製《くんせい》や自家製ドライトマトとモッツァレラなどの盛り合わせ、白インゲン豆のスープ、タリオリーニネーリ（イカスミを練り込んだ平打ち麺）をいただいた。サーモンの香りは優しく、ねっとりした食感。白インゲン豆はやわらかいのにギ

kitchen
igosso
小赵栗子
6

White Wine
Red Wine
Bordeaux Sauvignon Blanc <France>
波尔多白
g 55
b 290
Corte Giara Pinot Grigio <Italy>
科奇拉灰皮诺白
g 65
b 300
Delicato Chardonnay
莎当妮白 <America>
g 70
b 340
Bordeaux Merlot
<France>
波尔多红
g 55
b 290
Delicato Zinfandel
<America>
馨芳红
g 70
b 340
Ricasoli Chianti del Barone <Italy>
瑞卡索齐安帝
g 75
b 360

リギリ形を保ち、舌で崩すと、ヴェネト州の白ワイン・ソアヴェの青っぽさと混ざり合った。ちなみに燻製用のチップはいまだ、帰省のたびに日本からスーツケースに入れて持ち帰るという。

黒板に本日のグラスワインが書かれている光景は、まるで日本。赤白各三種類ずつ用意されている。ワインはイタリアにかぎらず、フランス、スペイン、オーストリア、アメリカ、アルゼンチン、チリ、南アフリカ、オーストラリア、ニュージーランドも。ボトルリストには国と地域、ブドウ品種、簡単な説明といった十分な情報が、北京語、英語、日本語で書かれている。

価格は、グラスワインが五五元（当時約八八〇円）〜、料理はコースの場合二六〇元（当時約四一六〇円）〜。北京の相場をいえば大瓶ビールは三元、中華店のラーメンは一〇元。外国人向けの高級店は別にして、イタリアンの平均は食べて飲んで一五〇〜二〇〇元ほどと泊は見ていた。とすると、この店は安くはない。

それでも今夜の満席である。よく見れば、席を埋めている中国人客は三十〜四十代と若いが、イタリア製のシャツを着てバローロ（ピエモンテ州の高級赤ワイン）を飲む余裕のある層。つまりは、今まさにこの大国の経済を支えているホワイトカラーたちだった。

ただやりたいことをやっている。それじゃあかん

泊は、自ら外へ飛び出したことでようやく彼らと顔を合わせ、「北京で勝負する」ことができた。どこか他人事《ひとごと》だったこの国に対して、当事者になった。すると俄然《がぜん》、中国が面白くなってきた。正確には「中国でのビジネスが」だ。

「こっちに来た当初は、お金より自分のやりたいことがすべてでした。でもこのまま五十歳、六十歳になったとき、自分には何が残っているんだろう？　と。経験と技術があったとしても、お店を出すには資金が要ります。その部分が、これまでの自分には完全に抜けていました」

シェフになることだけを考えて、異国で孤独な思いもしたし、同世代が遊んでいるときも修業してきた。休みは少なく、一日の労働時間は長く、好きじゃなければつづけられない仕事。もちろん好きで選んできた道だから、後悔はない。

けれどこれからは違うと思った。

「それだけでは自己満足の世界だと。僕はやっぱり報われたい、稼ぎたいと思ったんです。ましてや、僕がいるこの場所は中国じゃないかと。だからといって株だの何だのは無理だし、僕がもっているのはイタリア料理の経験と技術だけ。それを武器にするなら、レ

ストラン・ビジネスしかないじゃないですか」

泊に声をかけた、現会社の董事長《とうじちょう》（会長）・藤崎森久はもともと寿司職人だった人物。日本からニューヨーク、中国へと渡り、洋食・和食・デリ&カフェなどを展開。着々とヒットさせている日本人経営者である。二〇一三年には日本人店舗プロデューサーと手を組み、組織を合併し会社を大きくした。そのビジネスセンスと経営手腕はすごい、と泊は感嘆する。彼と出会えたのも、今、この時代の北京だからだと。

泊自身の経済的な話をすると、北京の最初の店で二万元（当時約三五万円）だった給料は、『キッチン・イゴッソ』で一・五倍＋出来高制になったという。そのほか、天津店への投資もしている。中国の相場でいえば生活に余裕のある層になったが、それ以上にようやく自分に自信がもてた。そして今はこの会社で、ビジネスを吸収していくのが楽しくて仕方がない。

得たお金で何をしたい？　と訊ねると、彼は二つを挙げた。

一つ目は「旅行」。イタリアなど海外での経験はすべて修業のためだったから、そうでなく人生の楽しみとして世界を見たい、土地の料理を食べてみたいのだそうだ。

二つ目は「親孝行」。十六歳で大阪・豊中の実家を出て以来、大阪・西成区、京都、イタリア各地、東京、北京と、好きなように転々としてきた。二年に一度のペースで墓参りのため実家に帰るが、そのたびに母親が小さくなっていくのを感じていた。

「中国で、ただやりたいことをやっている。それじゃあかんと思ったんです」

自分のことだけで精一杯という時期は、とうに過ぎているはずだった。

一〇万円だけ握りしめてイタリアへ渡ったときからずっとその日暮らしだった彼が、三十八歳で人生初の貯金を始めた。二〇一三年二月には、中国で知り合った日本人女性と結婚。両親の喜びようを見て、自分が何より喜べた。ちなみに新妻と一緒に、八カ月間で香港、マカオ、韓国、アメリカへ旅行に出たと、うれしそうに語っていた。

新しい国へ行く＝ゼロから築くこと

インタビューを終えて、今の北京を見たいと言うと、三里屯《さんりとん》という街に連れていってくれた。大使館が集まり、バー・ストリートとしても知られるエリアだそうだ。オリンピックの年に完成したというビル、三里屯ヴィレッジは日本人建築家、隈研吾《くまけんご》の設計。アップルのマークが煌々《こうこう》と夜闇に浮かび、アディダスもプーマもユニクロも隣り合っている。少し歩けばビストロに窯焼きのピッツェリア。バルでピンチョスつまみましょうか、なんて言っている私たちは、本当に北京にいるのだろうか。

izzue

変貌する中国は、彼にとってチャンスの国だった。しかし反面、まだまだ不安を多く孕《はら》む国でもある。

まずは、日本との関係。歴史的な問題は深く、十月の国慶節には必ず反日デモが起こるし、二〇一二年にはそれがエスカレートしてニュースになった。

だが、泊自身に何か危険があったかといえば、まったくなかったという。噂では日本人経営の店への支払い拒否などは訊いたことがあるけれど、自分が経験していないから、社会の空気みたいなものは感じても実感がない。

「ただ、中国人と歴史の話は絶対にしちゃいけない。過去の出来事の何が真実かなんて、僕にはわからない。それを見たわけでもないし、日本の真実と中国の真実が全然違うわけですよ。だから話し合いにならない」

中国と日本の関係が危うくなる可能性だってありえる。今の好景気がいつまでつづくかもわからない。共産主義国に基盤を置くかぎり、状況次第では、外資系企業がすべてを失う可能性も否定しきれないと考えている。

そして生活環境。ＰＭ二・五などの大気汚染や、食の安全の問題である。北京に無農薬、減農薬や有機栽培の野菜が出回るようになったのは、ようやくここ最近のこと。それもごく一部の高級スーパーにかぎられる。泊はことさら神経質なタイプではないが、農薬に頼って大量生産される野菜や偽装食品が、この十年の中国にはあまりにも多すぎた。結婚してなおさら妻のこと、子どもができたときのことを考えると不安は募《つの》るという。

これから先はどうするのですか？　という質問に、泊は、「会社として、中国以外の海外に基盤を移すという道も大いにありえる」と語った。

すでにいくつかの国が候補に挙がっているそうだ。新しい国に行けばまた新しい言語があり、人種があり、風習があり、問題がある。ゼロから築くのは大変なこと。それは、ほかならぬ泊自身がいちばんよく知っている。

「それはわかっていることですから。嫌なら帰ればいいだけです」

すかっとした笑顔で、泊は返した。でも自分はきっと帰らない。そういうニュアンスにも聞こえた。

度胸が据わっているなあ、と感心すると、「やんちゃしていた十代の頃、西成区で鍛えましたから」とまた、大きな声で笑った。こんなにも強い人だとは知らなかった。強く、太く、逞《たくま》しく生きたかった彼は、今、水を得た魚のようだ。与えられた水でなく、自分で掘って得た水で。

※1　中国の深刻な大気汚染
「ＰＭ二・五は直径が人の髪の毛の約四十分の一という微粒子で、肺の奥、さらには血管まで侵入し、ぜんそく・気管支炎、肺がんや心臓疾患などを発症・悪化させ、死亡リスクも増加させるといわれています」（在中国日本国大使館ホームページより）。二〇一三年一月、その観測値が環境基準値の一二倍、ＷＨＯ指針値の三六倍に達し、大使館では「不要不急の外出を避ける」「外出する場合はマスクを着用する」などの注意を呼びかけていた。

※2　清真料理
ムスリム（イスラム教徒）の料理のことで、新疆ウイグル自治区が代表格。豚肉はタブーで、口にできる肉は主に牛か成長した羊。北京では新疆からの出稼ぎ労働者の増加とともに、羊肉串《ヤンロウチュアン》（スパイスを効かせた串焼き肉）の屋台を中心に人気が出たという。

※3　『アッルエノテカ』(all' Enoteca)
ピエモンテ州カナーレにある。ダヴィデ・パッルーダは二十四歳でシェフとなり、三十歳で一つ星を獲得（現在も維持）。「州や県でなくもっと限られた『地域』の料理を大事にしつつ、それを進化させる」という、わずか三歳違いのシェフの料理哲学や人間性に、泊は多大な影響を受けている。

Yoshihito Tomari

十六歳から洋食店で働きながら、調理師専門学校に入学。大阪、京都のイタリア料理店で計六年働き、二十六歳でイタリアへ渡る。マルケ州、リグーリア州、ピエモンテ州、トスカーナ州の星つきリストランテで各一カ月〜半年ずつ学び、最後は再びピエモンテ州『アッルエノテカ』で約一年半修業。二〇〇三年四月に帰国。東京・汐留のリストランテ副料理長に就くも四カ月で退職。二〇〇四年に中国・北京『リストランテ イル・ミリオーネ（中国名：素封）』シェフに就任。二〇〇八年、北京『イゴッソ』シェフに就任。翌年移転し、『キッチン・イゴッソ』となる。二〇一三年には天津市に二号店開店、グループの洋食部門総料理長に就任（会社名：八代有限公司、董事長：藤崎森久）。

第三章

悠久の舞台から世界へ

堀江純一郎
『i-lunga』（奈良県・奈良市）
一九七一年、東京都生まれ

日本の国が生まれた地で

京都から電車で四十分少々走っただけなのに、奈良に降りたとたん、時間軸が別ものに変わった。圧倒的な悠久感。それは路地の小さな寺院にも、道路を横切る鹿にも、低くて広い空や湿った空気にも宿っている。古都といわれる都市の中でも、京都が人間臭い歴史の街だとすれば、こちらは神話の世界に近い場所というのだろうか。

日本の国が生まれた地、といわれる奈良。八世紀からこの国を守ってきた東大寺の隣で、堀江純一郎はイタリア料理店『イ・ルンガ』を営んでいた。店の建物は、二百年ほど前に建てられた武家屋敷だそうだ。

二〇一三年十一月。三年半ぶりに会った彼は、別人かと思うくらいスリム化していた。ふっくらしていた頬やおなかは引っ込み、顔がひと回り小さくなって、足が驚くほど細い。なんと、二七キロも痩せたという。

「食事のコントロールと筋トレで、痩せるのは簡単なんですよ」

彼が実践したメニューでダイエット本も出版されるそうだが、その前に初の単独著書『リストランテ イ・ルンガ　堀江純一郎の手打ちパスタ』（誠文堂新光社）が来週にも発売されると言って、校正刷りをちらりと見せてくれた。自分のレシピを本にまとめるのは、料理人として栄誉なことだ。しかも手打ちパスタは堀江の名刺代わりともいえるスペシャリテ（看板料理）である。「ここまでが大変だった」とため息をつく堀江の声は、喜びいっぱいというよりも、静かに噛みしめるようなトーンだった。

東京を離れて単独のオーナーシェフになった今の彼は、どこか生きやすそうに見えた。そういえば土方歳三《ひじかたとしぞう》を敬愛していたな、と思い出す。何に対しても揺るがない強い意志。それをもつがゆえ、ときに闘うことにもなり、独り歩くことになる。だが、それがあるから歩いていける。そういう生き方を、堀江自身もまた選んでしまう性分なのだろう。

大学の文学部を出て、イタリア料理の修業経験も師匠ももたないまま、単身渡伊。五年十カ月後には現地でシェフとなり、その一年半後には、イタリア版ミシュランガイドで日本人初の一つ星を獲得した。大きなおみやげを引っ提《さ》げて、二〇〇五年に帰国。それは凱《がい》旋《せん》帰国のはずだった。

役に立たなかった「一つ星」

二〇〇五年の冬。約九年の修業に区切りをつけて日本へ帰国したばかりの堀江と、東京の居酒屋で会ったことがある。当時、彼は日本で店を出すためのビジネスパートナーを探している真っ最中だった。

「僕がやりたいのは、イタリアのあたりまえのリストランテ。建物も内装も食器もいいものを選び、ワインも揃えて。席も三〇席はほしいし、テーブルの間隔もゆったりと取りたいから、広い物件が要る。となると、とてもオーナーシェフという規模ではできないから」

曰く、イタリアのリストランテとは非日常。つまり日常とは切り離された別世界をつくる必要があり、それには資金力が要るというわけだ。堀江は億にも届く額を想定していた。

一般に、料理人の多くはオーナーシェフになろうとする。自分の店をもつ＝一国一城の主《あるじ》になる、または経営者になるという意識が強い。だが海外修業から戻ったばかりの料理人の場合、日本にいなかった空白の期間はキャリアとして認められることがほぼないし、コツコツと貯めた預貯金通帳を持たない（高額を一気に入金した通帳でなく、定期的に入金を重ねた実績が重視されるといわれる）。

それらがない場合、金融機関から自力で高額を借り入れることは不可能に等しい。それでもオーナーシェフにこだわれば、親の援助で頭金をつくったり、信用保証協会を利用するなど借り入れる手だてはあるものの、やはり金額は低くなりがちである。

上限が低ければ低いほど、店づくりの発想は引き算になる。無垢《むく》の木の床を諦め合板にする、本革張りの椅子を諦め合成皮革にする。どんどん削《そ》ぎ落とし、節約した店になっていく。もちろん本人のセンスやアイデア次第で、たとえば合皮でなくアンティークの椅子にするなど、日常の「いい店」ならいくらでもできるだろう。だが堀江の言う「イタリアのリストランテがもつ非日常感」は、そういう発想ではつくれない。だからパートナーを必要としたのだ。

しかし見つかるまで、それからじつに二年の月日がかかった。

長い不況の影響もあるだろう。ビジョンをはっきりともっているだけに、名乗りをあげる企業がいても、堀江のほうで出資条件が呑み込めないこともあった。それは覚悟の上だったが、活動中、一つ想定外だったのは、「イタリアで日本人初の一つ星」が思いのほか役に立たなかったことだという。

「僕自身はミシュランの星そのものには興味がないけど、でもそれによって話の一つくらいはくるだろうと思っていたから」

今どきイタリア帰りのコックは、何かしら武器になるものを見つけて帰らなければいけないことくらいわかっていた。だから彼は二つも用意したのだ。

一つ目は、人よりも長く深くイタリアに根ざしてきた約九年という歳月。

二つ目に、他者へのわかりやすいキャッチとして「ミシュラン」があり「日本人初」があった。

なぜさほど役に立たなかったのかというと、単純に、ニュースが日本に伝わらなかったのである。だから誰も知らないし、イタリアの新聞に載ったとしても、日本語の媒体に掲載されなければどこか半信半疑の反応になる。媒体としても本当に「初」なのかどうか確証がなければ載せられないのだが、海外の情報となると、それを調べる手だてがグンと少なくなる。

あれだけイタリアで蠢《うごめ》く日本人コックの中から、ついに星を獲った者が現れた。もしもそれが事実なら、日本人コックの技術の高さや、イタリアへの根づきを象徴するできごとだ。けれど、リアルタイムでこのニュースを報じた日本のマスコミはほとんどなかった。ちなみに私は料理専門誌の依頼でこのニュースを書いたが、ミシュラン日本支社を通じて本社に連絡を取ってもらい、「日本人初」の確証を得ることができた。

別の人間、別の人格、別の立場

いわば浪人状態の二年間、彼は地方自治体の仕事や個人的なつながりで熊本や北海道など各地を回り、着々と日本の食材、生産者、食を巡る環境についての知識を蓄えた。パーティやイベントの出張料理人、料理教室の開催など仕事もしていた。ただ、リストランテの厨房から遠ざかっているフラストレーションが、ないと言ったら嘘になる。ある契約寸前の話が破談になったとき、珍しくそうこぼしたこともあった。

正式にパートナーが決まったと報告を受けたのは、二〇〇六年の冬のことだ。結局雇われシェフでなく、五〇パーセントずつ出資の共同経営という形になった。気持ちはすでに走り出しているという感じで、彼の声には勢いがあった。

「共同経営は難しいといわれるけど、大丈夫。(イタリアにも詳しい)パートナーは僕の料理を気に入ってくれていて、よく話し合っています。これからイタリアにも一緒に行って、僕が経験したこと、やりたいことを共有していこうと」

こうして二〇〇七年四月、西麻布にリストランテ『ラ・グラディスカ』がオープン。二年も待った甲斐《かい》あって、堀江の望みはほぼ実現した。

ビルの地下でありながら、四二坪の広さに天井高が四メートルもある劇場のような空間。テーブルはイタリアのリストランテに多い丸型で、直径一メートルの大きなサイズが三八席分、ゆったりと並んでいる。

壁にはヴェネツィアで誂《あつら》えたカーテンがエレガントなドレープをつくり、革製の椅子は、女性がハイヒールを履《は》いたときにちょうど落ち着く高さ。そう、ハイヒールを履いて訪れるべき非日常の場所、ということである。

当時、私がある雑誌の取材で訪れたとき、堀江はこう語っている。

「西洋の皿に対して小さなテーブルはバランスが悪いし、テーブルを大きくするなら天井高が必要。僕は海外に近づけようとがんばるのでなく、あたりまえのことをしたいだけです」

料理は九年のイタリア修業で体に染み込ませた味、中でも六年暮らしたピエモンテ料理が中心である。イタリア北西部にあり、海をもたないこの州の料理は、伝統的に肉が主役。そしてお隣フランスの影響も受け、シンプルというより複雑。手間と時間をかけ、味や香りを多重構造的に作り上げる料理が多い。

「長年修業して帰ってみれば、〝東京イタリアン〟[※1]といわれる、イタリアにないイタリア料理が全盛でした。その中で僕は、イタリアのイタリア料理をやってやろうと」

パートナーが営む輸入会社のワインがすべて揃うという話題性や、その人脈もあり、店はオープン前から注目されて多くの媒体から取材が相次いだ。そこには遅ればせながら「世界基準」「本場で認められた」「日本人初の」といったタイトルが躍っていた。

結果を先に言えば、堀江は約二年で『ラ・グラディスカ』を去った。

その理由については、正直わからない。彼と、もう一方の経営者にも話を訊く機会があったが、両者の視点は交わることなく、語る「事実」はくい違う。

ここで私が伝えるべきは、ことの顚末《てんまつ》や真偽ではなく、共同経営の難しさだろうと思う。別の人間、別の人格、別の立場から見える景色は別のもので、お互いに一生懸命だからこそ出す答えはそれぞれ違う。

彼らだってそんなことは百も承知で、だからあれだけ方向性を話し合ってイタリア体験も共有し、資金を含むあらゆる面で傾向と対策を備えたのだ。パートナーシップに強い自信をもっていた、その彼らでさえも、店が回り出すと想定外のことが起こり、軋轢《あつれき》が生じるのである。

この一件は堀江が共同経営から退き、店を辞めることで落着した。この頃の彼は、独特のギラギラした光も消えているように見えた。

奈良へ

だが、料理人としての人生を失ったわけじゃない。

落ち込んでいる間もなく、すぐに物件を探さなくてはならない。次は一〇〇パーセント自分の経営で、もちろん今いる東京で……と言っていたのだが、しばらくして「ちょっと面白いことになりそうですよ」という連絡があった。やはり居酒屋で報告を訊くことになると、堀江は、大きな方眼用紙に描かれた見取り図を持って現れた。

「次の店、どこだと思います？　もう情報入ってますか？」

じつは噂レベルで、奈良かもしれないと耳に入っていた。そう返すと、やっぱり早いなぁと言いながら噂を認めた。

「なぜ、奈良へ？　出身地でもないし、県の事業でもないのでしょ？」

訊けば建築関係の仕事をしている人が、「奈良の武家屋敷という稀《まれ》な物件情報がある。好きに使っていいと言うんだけど、堀江くんリストランテやってみたらどう？」ともってきた話。最初は堀江も「なんで奈良？」と面食らったという。だが本人曰く「自分の目で見ないと気がすまない性格」。すぐに現地を訪れて、息を呑んだ。

住民の散歩コースに遺跡や歴史的建造物がゴロゴロあるような、世界遺産の街。物件は奈良公園の敷地内、東大寺のお隣に建つ築二百年近くを経た平屋造り。手にした見取り図を広げて説明する彼は、すっかり顔を上げていた。

「土壁の格子戸《こうしど》をくぐると、日本庭園がある。立派な庭です。で、お客さんはこの庭を抜けて正面玄関へ向かうことになる。このアプローチがまず、いいでしょう？」

サーラ（客席フロア）から中庭を挟んでキッチンが見える設計にして、茶室は個室に。具体的なリストランテのアイデアが、堀江の頭の中ですでに細部まで描かれている。

「転んでもただじゃ起きないんです、僕」

転んでも、という言葉を自ら使って笑う彼に、けっして人に見せなかった失意の深さと、そこからの回復を感じた。

後日、堀江は正式に奈良の物件を契約した。今度は自身が代表取締役を務める会社「株式会社ピステルナ」の単独経営になった。

三十代最後の「この指止まれ」

奈良を自分の舞台と決めた、その決め手はなんだったのかを訊ねた。

「これは面白いなと。うん、まずは〝面白い〟でした」

イタリアと同じだ、と感じたそうだ。たとえば彼がシェフを務めていたピエモンテ州の『ピステルナ』は、十四世紀の建物をモダンに生かしていた。そういうことが、ここならできるかもしれないと。

「住所が要らないんですよ。東京は何区何町の、何丁目何番地、何ビルの何階、まで必要。でもここは、東大寺の真横って言えば辿り着ける」

そのスケール感だという。それでも待てよ、東京から出ないほうがよかったんじゃないかと言われたらしゃくだし、という自分もたしかにいた。いや、この場所だからこそ世界へ発信できるんじゃないか、と湧き上がる気持ちもあった。冷静と情熱が入り交じる中で、どうしたら正しい判断ができるのか。

堀江はいったん、原点に立ち返ってみたそうだ。

「そもそも自分の中の〝イタリアっていいな〟って何だったんだろう？　と。イタリアの好きなリストランテで思い浮かぶのは、大都市の店より、わざわざ行った小さな町や村の店ばかり。城壁に囲まれた旧市街に馬車道の風景なんかがあって、そこにしかないワインや食がある。散策するのが楽しい、食事がおいしい、帰ってきて思い出すのがまた楽しい。これがイタリアだよなと」

ことわっておくと、西麻布時代だって、自分が思うイタリア料理の「いいな」を表現してきたつもりだ。

　その一つが、繊細な東京イタリアン全盛の中で、「肉の塊《かたまり》をガツンと焼く」骨太な料理。だが、それはどこまでいってもリストランテの中だけの話で、「イタリアっていいな」の一部を切り取ったにすぎない。奈良を訪れて初めてそれに気づいたという。

『ラ・グラディスカ』では、都心のビルの地下に贅沢な空間、というギャップで非日常を演出したが、今度は古都の街全体と、歴史ある建物で非日常の世界を表現することができる。ゲストが乗り物に乗って小さな旅をし、奈良の街を楽しんで、建物と食事を味わい、帰ってからもまた思い出す。そういうリストランテをつくりたい。

「いいなと思うものを人に伝えたいって、仕事の動機として十分じゃないですか。お客さんに奈良までわざわざ来てもらうということは、自分自身のハードルを上げること。なおさら、やったろうかってなるタイプなんです、僕」

　自称、天《あま》の邪鬼《じゃく》。堀江の言葉で言えば、ずっと「この指止まれをやってきた」。人と違う道を歩き、違う角度からものを見て、感じた「いいな」を世に投げかけること。共感する人この指止まれ、という意味だ。三十代のうちにもう一度それをやってみようと決めるまでに、そう時間は要らなかった。

地産地消とは真逆の考え方

二〇〇九年八月、奈良に『イ・ルンガ』が開店した。本人の予想通り、堀江の新店が奈良にできたという情報は、飲食業界に驚きをもって広がった。

当時は、イタリアで修業したコックが故郷で開店するケースが増えてきた時代で、それは「土地の食材を生かす、その土地だけの料理」という地産地消の考え方※2とともに注目されていた。

だから、そういうこと？　という推測もされたが、彼の場合はまったく違う。むしろ地元も全国も海外も同じ土俵に並べ、フードマイレージ※3の問題や鮮度も加味したうえで、最上と思われるカードを引く。つまり地産地消とは真逆の、「集めてくる」という考え方。なぜなら奈良は、東京より京都より歴史の古い「都」だからだそうだ。

「日本のいちばん古い都。日本だけでなく世界の富を集める、それが都です。お客さんが都に来て、こんなにいいものが揃っているよという贅沢を味わう。もちろん地元の食材を使うこともある種の贅沢なんだけど、もっと飛び越えた贅沢をしてほしいなと。シェフという表現者として、地元の食材だけじゃ世界が狭くなる」

でも、ローカリズムこそがグローバルにつながるのでは？　自分たちの足元を見る。世界のどこでもない、自分たちの土地の恵みだから世界へ響く。私がそんな持論をぶつけると、「場所が違います」と堀江は即答した。

繰り返すが、ここは奈良、都だから。選《え》りすぐりの食材を、最高の舞台装置で食べさせることが自分の表現であり、使命だと。そうして喜ばせるべき相手もまた、日本だけでなく世界中から奈良へ集まる人々。地元客でいえば、これまで京都や大阪へ食べに行っていた層。リストランテの非日常感を知り、求める人たちであり、堀江は彼らを「ＶＩＰ」と呼ぶ。

野望というのだろうか、久しぶりにギラギラした堀江を見た。真の都は、東京でも京都でもなく、日本発祥の奈良であるという確信。それを土台に、彼は「奈良に堀江あり」でなく、「日本に堀江あり」をしたたかに狙っている。「イ・ルンガ」は、イタリア語で「Ｊ」を意味する。純一郎の「Ｊ」でもあるが、密かに、ジャパンの「Ｊ」でもある。

リストランテのスケール感

二〇一三年十一月。

『イ・ルンガ』を訪れるのは、二度目だった。取材の前夜、例によってディナーを味わう。

i-lunga
i-lunga

大きな丸テーブルに女一人は少々寂しいが、食卓は、それこそ贅に尽きた。

食材でいえば、北海道・村上農場の熟成じゃがいも、北海道産無農薬栽培のポワロー、岩手・石黒農場のホロホロ鳥など、堀江自身が日本各地を巡り親交を深めてきた生産者の逸品が中心である。魚は山口、長崎、宮崎、高知、三重、石川、静岡……業者と直接契約する漁港から、捕れた翌日には届く。店の厨房には、肉・魚それぞれに専用の恒温恒湿冷蔵庫があり、品質を保つ。

一方で、イタリアのスピリットも健在だ。ピエモンテ料理のアニョロッティ・ダル・プリン（豚・ウサギ・牛肉を詰めた小さなラビオリ）は、スコットランド産の雌雉《めすきじ》のブロード（だし）でスープ仕立てにしていたが、香り高く、しみじみと冴え渡る澄んだスープが印象的。

同地のタヤリン・アル・ブッロ（卵黄の細打ちパスタ、バターソース）は、白トリュフがけ。一見シンプルだが、無塩バターに牛のブロード、グラストビアンド（牛の骨と皮を焼き、香味野菜とハーブを加えさらに焼く。脂を捨て、白ワインを注いで一〇分の一まで煮詰め、水を注いでさらに一〇分の一まで煮詰めたもの）を加えるという手間のかかったソースである。旨味と脂分の強いこのソースが麺の一本一本を包み込み、熱を保つことで白トリュフの香りが最高潮に引き上げられる。

メインのストラコット・アル・バローロは、牛肉を、なんと一九六四年と一九六七年という古いバローロで煮込んでいた。しかも名門、『マルケージ・ディ・バローロ』[※4]を惜しげもなく。使う材料もかける手間も贅沢というか、ぶっ飛んでいる。

「リストランテは、このスケール感なんです」

一気に語り終えた堀江は、ニヤリと笑った。

イタリア九年の力量

ピエモンテの世界が繰り広げられる中、驚いたのは、堀江が鮮魚のカルパッチョを提供していたことである。しかも楽しげに。

今でこそ現地でも創造的・現代的料理といわれる店で登場することもあるが、もともとカルパッチョといえば生肉。イタリアでは、プーリア州など一部を除いて魚を生で食べる習慣がない。生魚のカルパッチョは日本人コックや和食の影響ではないか？　という説もあり、なんとなく堀江は作らない料理だろうと勝手に思い込んでいた。

「西麻布の地下だったらピエモンテ専門でもいいんです。でもこれだけ公共性の高い場所で、公共性の高いリストランテをやっていると、いろんな人が来るわけです。肉、内臓のガッツリ系だけじゃだめ。そこは自分の根幹としてもっていて、枝葉としてそういう（日本人的な）表現があってもいい。料理を変えるというより、引き出しを増やす感覚です」

カルパッチョには、日本のからすみ、あおさ海苔《のり》のソースと雲丹《うに》のソース、塩漬けのいくらも飾られている。

一見、強烈な和の印象。しかしいくらを漬ける塩はコルシカとゲランドである。どちらもフランス産だが、塩味でも違う種類を重ねて味の深みを出すのはピエモンテで学んだ「味の層をつくる」仕事。黄金比率があるそうだ。あおさ海苔のソースにはガルム（イタリアの伝統的な魚醬《ぎょしょう》）を混ぜ、鱈《たら》の子のパテには原木椎茸《しいたけ》のチュイル（薄く焼き上げたクッキーのようなもの）を添える。椎茸の旨味が魚の旨味と響き合い、旨味を加速させる。

イタリアの材料を使えばイタリア料理というストレートな発想ではなく、共通性のある素材に「置き換える」のとも違う論理。

「どの食材のどこにイタリアを見出し、どう使うか。そこでイタリア九年の力量が試される。経験と感覚の問題ですが、僕はそれを身につけるためにイタリアでずっと修業してきたわけです」

「飲食人として」

二〇一三年現在、堀江はリストランテと、敷地内に隣接する『カフェ イ・ルンガ』の二軒で二一人の従業員を抱える経営者だ。

「僕はやはり単独経営のほうが性に合っています。全部自分で決められて、自分の責任でできる。ただ、自分で決められる＝経営ですから、料理とは別の能力が要ります。僕は自分で能力のある、ないはわからないけど、結果はこの通りつづけられている。そしてもし万が一何かあったら、明日から一人で屋台を引っ張る覚悟で生きている」

とはいえ彼の言う経営者は、自由だからいい、ということではない。厨房でも会社でも、何かの組織のトップに立った者には、それだけで社会に対する責任も生じる。

たとえば現状、日本でイタリア料理を学びたいという若者は、圧倒的に東京、京都、大阪に集中している。つまりそれ以外の地方にとっては若者が流出することを意味し、高齢化、過疎《かそ》化、ひいては地方経済を弱らせることになる。

だから志ある地元の若者が、地元で学びたいと思える店をつくりたかった。堀江は「飲食人として」という言葉を使っている。

「公と私でいえば公の部分で、飲食人として、日本のために何かしらやらなきゃいけない。人を雇うって誰もができるわけじゃないから、自分がそういう立場になったならちゃんと人を雇って、育てて、社会保障もして」

二十五歳でイタリアへ渡り、波乱の三十代を駆け抜けて、堀江は四十二歳になっていた。『イ・ルンガ』はもう四周年になる。だが、堀江に言わせればまだまだこれから。むしろ「このままの料理じゃ終わりたくない」のだそうだ。

「開店してからこれまでは、食材も料理も幅広く、これだけの料理が作れますという告知期間でした。でも、告知段階はもう終わり。これからはエネルギー特化です」

どういうことかというと、現状、堀江の仕事はメニューを考え、食材の発注、保管、管理、仕込み、調理、サービス、そして経営と多岐にわたり、エネルギーが分散した状態なのだそうだ。

本来ならもっと突き詰めたいところも、分散しているために一部しか実現できていない。もっとつくりたい料理だけに集中して、完成度を上げていきたい。食材のロスを落とし、仕事のロスを落とし、余ったエネルギーは虫眼鏡で光を集めるように一点に絞り、料理の密度を高めていく。

具体的に言えば、アラカルト（単品）をなくし、コースに絞ることもその一つだ。

「今はコース二本と、アラカルトもある。しかも八四〇〇円と一万五〇〇〇円のコースは、すべて内容が違います。仕込みの量がものすごくて、コックたちの勉強にはなるんだけれども。その段階はもういいかなと」

料理人を育てる

コース一本に絞る。そのタイミングを、経営者としては二〇一四年の消費税増税に合わせたい。消費税が上がれば、どうしても値段を上げざるをえない。そこでお客が損した気分になってもいけない。

エネルギー特化してクオリティを上げ、消費税分が上がっても結局は満足してもらう方向にもっていく。逆を言えば消費税改定を、シェフとしてずっと温めてきたことを実現するきっかけにしようと考えた。

「若いスタッフの質が上がってきて、今だったらできるなと。僕の店の場合、右腕が一人いればいいというわけにはいきません。僕が望むレベルに達するには、この規模だったら飛車、角、金、銀が必要」

料理人を育てることは難しい。

終身雇用制ではないからいつかは辞めていくし、それが今日の場合もある。業界でいわゆる「飛ぶ」といわれる、突然来ないパターンは多い。料理人は一般に労働時間が長く、仕事は修業と言い換えられる。今自分がどのあたりにいるのか、どこへ向かい、何年後にどうなっているのか。まるでホワイトアウトな不安の真っただ中にいる、という人が多いのだろう。

その中で堀江はシェフとして、育てるプログラムをスタッフに提示している。たとえば一年間は冷前菜、翌年にドルチェ（デザート）、三年目はプリモ（パスタやリゾット）かセコンド（メイン）。コースのすべてを経験したら、次はカフェのシェフとして組織をまとめるポジション、最後はリストランテのスーシェフ（副料理長）として迎える、という具合。

「ここまできちんと果たせたら、あなたはもうどこへ行っても大丈夫だからと。彼らとしても、僕の料理が好きである以上はいい経験ができると思うし、店としても五年間いてもらえるわけです。みんながこのラインに乗ってくればいい子が育つし、お店の問題もなくなる。まあ実際、みんなが乗ってくるわけじゃないけど、（王将の自分を入れて）三人いれば飛車（右腕）、角（左腕）になる」

勝負のとき

エネルギー特化のスタートが消費税なら、ゴールは東京オリンピックだそうだ。二〇二〇年時点で、『イ・ルンガ』は堀江の集大成となっているはずである。

でもなぜ、東京オリンピック?

「わかりやすいからです。僕が四十九歳、四十代の終わりでもありますね。もっと言うと二〇二〇年に間に合いました、じゃあ駄目で、二〇一八年までに間に合わせたい。それから二年間は、ここにこんな店があるんだよと告知する期間」

では二〇一八年、『イ・ルンガ』はどんな店になっているのだろうか。

「わかりやすい記号でいうと、グランメゾン（料理、ワイン、サービス、設備などすべてをハイグレードに備えた最高級レストラン）です。で、それを知らしめるのが僕の四十代」

知らしめる、という言葉が彼らしいと思った。自分はまだまだこんなもんじゃない、「日本に堀江あり」と世の中に認めさせたい。その気構えが彼を強くしているように思えた。

ちなみに五十代は、記号でいうグランメゾンをつくり上げた後で、若いコックを蹴飛ばしながら楽をしているそうだ。腰も肩も首も、もうボロボロだから。と言いつつ、厨房には立ちつづけるらしい。「楽をしている」は「（笑）」付きだ。

不意に堀江が「今の若いコックを見ていると、いかに自分が不器用だったかがわかります」と振り返った。二十五歳と遅いスタート。日本での修業経験はなく、料理の基礎技術もないところからイタリアで叩き上げてきた。

その自分が今ここにシェフとしていられるのは、ただただ、「つづける」ことができたからだという。

「この前、久しぶりに『イタリアに行ってコックになる』を読み返したら、涙が出てきました。イタリアでシェフになるまでは、先がわからないままやっていたから。今こうして二軒のお店を経営できて、スタッフも雇ってなんて、とてもとても想像できなかった。目の前の、自分の役割をしっかりやることしか考えられなかった。でも僕は、つづけるということができた。逆にいえばつづけられない人がどれだけ多いかってことです」

堀江の口から「涙が出てきた」と訊いたのは、この十年で初めてである。取材者である私の前では、いつでも強い人だった。強気な発言の裏側にあるギリギリの踏ん張りに、十年経ってやっと私も気がついた。

取材を終えてから、堀江が気に入っているという東大寺、二月堂を一人で歩いてみた。二月堂は東大寺大仏殿の東側、一息歩いて奥まったところにある高台の仏堂だ。静寂の中、階段をゆっくりと上り舞台造りの回廊へ出ると、いきなり息を呑むような眺めが広がっていた。興福寺の五重塔に東大寺境内、その向こうに奈良の街。

再び、圧倒的な悠久感に包まれる。

「スケールが違うんですよ」

堀江が何度も口にしていた、その言葉の意味を実感した。重ねた時間が違う、物語が違う、考えの大きさが違う。何もかも本物しかないこの街で、彼は勝負のときを迎えている。

※1　東京イタリアン
東京に集まってくる日本の素材を生かし、日本独自の進化を遂げた料理を称して「東京イタリアン」ということがあった。

※2　地産地消の考え方
直訳すれば「土地の生産物を、その土地で消費すること」だが、意訳すれば「自分たちの土地の宝に目を向けること」ではないだろうか。人間は自分が生きている土地の、季節の恵みをいただくことが体のためになるという「身土不二《しんどふじ》」の考え方にもつながる。ただ、産地の生産物をすべて地元で消費するには現実的に無理があり、産地の素材を加工したものを都市へ売ることで、産地に利益や雇用を生むという考え方も現れている。レストランも料理という加工をして、都市から人を呼べるツールの一つである。

※3　フードマイレージ
「食材が旅をするほど、飛行機や車のエネルギー消費やCO2の排出などによって環境に負荷を与える」という考えに基づき、運ぶ食材の量と移動距離を掛け合わせた指標。しかし遠くからの船便より近くのトラック運搬のほうが環境負荷が大きい場合もあるなど、輸送手段や生産方法による差も指摘されている。

※4　『マルケージ・ディ・バローロ』
バローロはピエモンテ州バローロ地区でつくられるワインで、ブドウ品種はネッビオーロ。長期熟成型の風格やイタリアきっての銘醸地であることから「ワインの王」、またかつて王に献上した（ナポレオン愛飲説もある）として「王のワイン」とも呼ばれる。名だたるつくり手が多い中、ここは一八〇〇年代初頭に起源をもつ老舗中の老舗ワイナリー。

Junichiro Horie

駒沢大学文学部国文学科卒業。教員免許取得。大学時代のファミリーレストランでのアルバイトを卒業後もつづけ、二十五歳で渡伊。トスカーナ州『オスワルド・バロンチェッリ』、リグーリア州『ロマーノ』で各一年半。ピエモンテ州『イル・カシナーレ・ヌオーヴォ』で三年。三十一歳、ピエモンテ州『ピステルナ』開店とともにシェフ就任。二〇〇三年、イタリア版ミシュランにおいて、日本人シェフとして初の一つ星獲得。二〇〇五年に帰国。独立準備をしながら出張料理人や料理教室の仕事をし、二〇〇七年四月、共同経営で西麻布『ラ・グラディスカ』オープン。二〇〇九年八月、単独経営で奈良『イ・ルンガ』を、二〇一一年には『カフェ イ・ルンガ』を開店。

第四章

イタリア料理を、アジアに伝える鍵

高田昌弘
『Ristorante Takada』（シンガポール）
一九七五年、千葉県生まれ

君は『ラ・ルーナ・ロッサ』に行ったか？

アンジェロ・ガヤといえば、イタリア好きかワイン好きなら、誰もが知る名前の一つである。バルバレスコ（ピエモンテ州の土着品種・ネッビオーロの赤ワイン）の父、あるいはイタリアワインの帝王ともいわれる偉大な造り手。

そのガヤが二〇〇〇年代初頭、イタリア中の厨房に溢れる日本人コックと彼らの活躍を、こう表現したことがある。

「イタリア人は将来、おいしいイタリア料理を食べたくなったら日本に行かなければならなくなるかもしれない」

それから約十年が経ち、二〇一二年。

私はピエモンテ州バルバレスコ村で、ガヤにインタビューの機会を得た。アポイントを取るのは非常に困難と噂される人物だが、もし会えたらぜひ、訊いてみたかったことがある。

「あのときの言葉を、今、あなたはどう感じていますか？」

ガヤは思慮深い目でじーっと私の目を覗き込み、こう切り返した。

「答えを言おう。でもその前に、君はシンガポールの『ラ・ルーナ・ロッサ』に行ったたか？」

その店は、高田昌弘がシェフを務めるイタリア料理店だった。驚いて、まだ行ってはいないが彼は知り合いだと答えた。このピエモンテで修業した人ですよ、と。すると、ガヤは「そうみたいだね」と、すでに高田のことを知っているようだった。

「あの店はブラビッシモ（最高）だったよ。日本人は、たとえイタリア以外の素材や技術を採り入れたとしても、皿の上で合わせたときにきっちりイタリア料理になっている。アメリカ人はすぐリッチにしてしまうけどね（笑）。かといってイタリアのコピーでは面白くない。日本人の感性……たとえば生魚を使ってもイタリアのスタイルにする、これは日本人にしかできないことだ。日本人は素材を目の前にしたとき、手をつけてから考えるのでなく、頭の中で考えてから料理を作るから。それで……質問の答えだけど。これまでイタリア料理を食べたことのなかったアジアの国や、旧共産圏などの人々がイタリア料理を楽しむ時代がきている。私は、その鍵を握るのが日本人コックだと思う」

なんとわくわくする言葉だろう。そう思いながらも、正直、どこか小骨が喉《のど》に引っかかったような気持ちが私にはあった。

日本人コックたちはイタリア料理の発展のためでなく、結局は自分自身のために修業しているのではないだろうか。とすればガヤの展望を、彼らはどう捉えるのだろう？

ただ、アジアの国の一員としてじわじわ感じていた、日本以外の国々がどんどん面白くなっているという予感めいたものは、このとき確信に変わった。

ガヤの取材から一年後、二〇一三年八月のシンガポール。深夜のチャンギ空港は眩《まぶ》しいくらいに明るく、クーラーがキンキンに効いている。しかし一歩出ると、熱と水をじっとり含んだ空気に、熱帯雨林気候という言葉を思い出した。

彼はたしか、北イタリアが長かったよなぁ、とふと思いがよぎる。元気だろうか、元気だろうな。会うのはたぶん二年ぶりだ。

翌日、約束の時間に少し遅れて現れた高田は、ばっさりと短髪になっていた。シンガポールで流行のソフトモヒカン、現地では「モヒー」というらしい。

汗をかいた髪もアーモンドのように日灼《ひや》けした顔も、この熱帯の大都市にするっと紛れ込んでいる。海南《はいなん》チキンライスの店員とも、タクシーの運転手とも英語で冗談を言い合う高田に、英語が話せるんですねと言うと、あははと笑い飛ばされた。

「僕が話せるのはシングリッシュです。棒読みに近いけど、でも通じてる」

シングリッシュ、つまりシンガポール訛《なま》りの英語（イングリッシュ）である。こちらに来てまだ一年半ながら、彼はもうとっくにシンガポーリアンを受け入れていた。

高田にとっては初めて訪れたアジアの国である。

シンガポールと訊いて思い出すのは、ソフトバンクのCMで観たマリーナ・ベイ・サンズ。たったそれだけ。イタリアで修業していた頃は、まさかそんな見知らぬ南国へ来ることになろうとは夢にも思わなかった。

人（料理人）と箱（店）のフィット感

高田はイタリアで約八年間修業し、二〇〇八年十一月末に帰国。日本では二軒のイタリア料理店でシェフを務めている。

一軒目は、西麻布『ラ・グラディスカ』。そう、堀江純一郎が辞めた後に就任した、二代目シェフである。

もともと堀江とは、ピエモンテ州の『イル・カシナーレ・ヌオーヴォ』『ピステルナ』という同じリストランテで修業した縁がある。そこで高田は帰国を決めるとすぐ、東京でシェフを務める堀江に連絡をした。店を手伝いながら東京の飲食事情を知り、ゆっくりと、次なるステップを探ろうと考えたのだった。

しかしいざ帰国すると、事態は急変。堀江が同店を辞めることになり、『ラ・グラディスカ』の二代目シェフというポジションが目の前に置かれた。まさに青天の霹靂《へきれき》というか、状況に呑み込まれたというか。

「びっくりしましたよね。ホントに。僕は直前までイタリアにいたから、それまでのお店の状態はわからないけど、まあ現実問題として堀江さんは辞めることが決まった。シェフをどうするか。で、オーナーは何度も僕の料理を試食したうえで、僕を選んでくれた。じゃあ普通にオファーとして受けようと思いました。そして期待に応えたいと」

二〇〇九年四月、高田は『ラ・グラディスカ』二代目シェフに就任。

しかし同店はゼロから堀江のためにつくられた店、いわばオートクチュールのスーツのようなものだ。劇場のような空間も贅沢なインテリアも、客層もすべて堀江仕様。それを着こなすことは至難の業《わざ》で、高田は、そのフィッティングに苦しんだ。結局一年四カ月務めたが、その後、同店はスペイン料理とイタリア料理のシェフ二人体制に業態変更。ここで数カ月働き、退店した。

二〇一一年二月からは中目黒『オステリア ラ・ルーナ・ロッサ』のシェフに就任。三月に私が訪れたときはほぼ満席で、高田自身ものびのびと料理を作り、店自体もまた喜んでいるようだった。人（料理人）と箱（店）のフィット感というものが、やはりあるんだなと感じた。

「泥臭く、綺麗」な料理

そして料理には、人格がある。高田のイタリア料理はとても優しい。どうだ旨いだろう！　とグイグイ押してくる味でなく、じんわりしみじみ温まる感じ、というのだろうか。

見た目も繊細。本人曰く「伝統＋洗練が僕のツボ。仕事は泥臭く、でも盛りつけは綺麗《きれい》に」だそうだ。たとえば、彼が修業したピエモンテ『イル・チェントロ』[※1]の料理がまさにそれだったという。

「エリデ（女性シェフ）は香味野菜を炒めるという基本の仕事でも、つきっきりで一時間は炒めるんです。そんなに炒める店はあまりなくて、大体は三十分くらい。それで昔、仕込みが立て込んだときに一度だけ〝三十分では駄目？〟と訊いたことがある。するとエリデは〝それじゃ足りない。あなたの気持ちはわかるけど、もう少し炒めて〟と申しわけなさそうに答えたんです。彼女の基準でおいしくなる一線というのが絶対的にあって、それに達するまでひたすら炒める。地味で泥臭い仕事です。だから誰にも追いつけないおいしさになるし、でもエリデの皿は、そんな仕事を感じさせないくらい綺麗」

申しわけなさそうだったエリデの気持ちも、シェフを経験した今ならわかる。おいしくなる一線まで自分なら努力する、でもその仕事を人にも要求しなきゃいけないときのなんとも言えない感情だそうだ。曰く、仕込みは多いしみんな手一杯なのはわかってるから申しわけないけど、でもやってね、という気持ち。

高田の場合は八年のイタリアで「高いレベルの料理をいろいろ見たい」と、星つきリストランテを中心に数カ月ごと、一〇州一九軒の店で働いた。中でももっとも気に入ったのがピエモンテ州で、計四年ちょっとの間に六軒である。同じ州内のかぎられたエリアで六軒も店を替えるのは珍しいが、「好きな土地だからこそ、店による違いを見たかった」という。

どういうことか。たとえばピエモンテを訪れると、トラットリアにもリストランテにも定番の郷土料理がある。本当に判で押したように、どこに行っても「アニョロッティ・ダル・プリン」が載っているという具合。肉またはチーズを詰めた小さなラビオリだが、肉の配合やチーズの種類、生地の作り方などは隣の村でも違えば、店によっても微妙に、あるいは大きく違う。

そういったそれぞれの違いを見て、いったん自分に取り込み、再構築したのが高田の料理である。だから彼の「泥臭く、綺麗」な料理は、もちろんエリデの料理とも違う。それを中目黒で、全力で表現しているように見えた。

二度目の霹靂

しかしその年末、二度目の霹靂が落ちてきた。『ラ・ルーナ・ロッサ』が、シンガポールに本社をもつ外食企業との業務提携により、シンガポールへ出店することになったのだ。

くわしく言うと、そのプロジェクト自体はずっと以前から進行していたのだが、予定していた日本人シェフが急遽辞退することになったのである。高田がそれを訊かされたのは十二月、開店予定は翌年二月に迫っていた。

「今からシンガポールに行ける料理人なんて、誰もいないですよね。しかも大きな仕事だし、もともと決まっていたシェフがキャリアのあるかたですから、代わりといったって誰でもいいわけじゃない。それで、じゃあ僕行きますよとオーナーに伝えたんです。僕は本店のシェフだから、日本側は本店からシェフを出しますっていうことなら、向こうの会社にも納得してもらえるだろうと」

それは、男気なのだろうか？

「そのときは客観的に、状況を考えれば僕かなと思っただけ。でも今考えれば男気よりもっと幼い……興味とか冒険心とか、そっちに近かったかもしれないですね。シンガポールのイタリアンで日本人シェフの第一人者ってまだいないだろうし、面白いかもって」

それからは息つく間もなく、通常業務と準備に追われた。よりによって、一年でもっとも忙しいクリスマスから年末の時期。その山場を乗り切ると、東京の住居を引き払って千葉の実家に身を寄せ、バイクを売って、年明け三日四日は中目黒で営業。五日に荷物をまとめ、六日の朝に旅立った。

曰く「何が何だかわからないうちに」熱帯の街に着いていていた。

チャンギ空港から店へ直行すると、工事はすでに半ば。現場で初めて知った事実はいきなり衝撃だった。厨房の冷蔵庫が全然足りなく、その分、冷凍庫が異常に多い。シンガポール側は「厨房の設計設備はすべて日本側」と説明し、慌てて日本へ電話をかけると「行き違い」だと言う。

「現場の僕に任せると言われて、ここでようやくスイッチが入りました」

彼は、誰かに頼られないと駄目になるタイプなのだそうだ。

日本とシンガポールの狭間で

二〇一二年二月一日。シンガポールの『ラ・ルーナ・ロッサ』は、シンガポール随一のショッピングストリート、オーチャードエリアに新しくできた、モダンなビルの二階にオープンした。六〇坪六〇席の大箱、全面ガラス張りの高級リストランテである。

厨房だけで一二人、サービス一二人というこれまた大所帯は、病欠が多いことを見込んだのだという。日本と違い、医師の診断書があれば有給で欠勤できると国が定めているからだ。それに景気のいいシンガポールは売り手市場で、人は簡単に辞めてしまう。高田のチームはそれでも想定より早く固定して、厨房は一〇人で落ち着いた。

「日本語、マレー語、中国語、シングリッシュが飛び交う厨房で、僕らの共通項はイタリア料理。共感しやすい料理なんだなとあらためて思いました」

言葉のわからない国でチームをまとめられたことは、大きな自信になった。自分の中での密かなテーマは「ローマ帝国の現代版」だったそうだ。その心は、「相手を無理に征服しない」。

「好意をもって接すればうまくいく。それはイタリア人から学んだことです」

高田は『ラ・ルーナ・ロッサ』が日本人駐在員たちを中心に、じわじわと受け入れられている実感を得ていた。

シンガポールの日本人率は高い。IT、金融、建設、流通、食品などあらゆる分野の企業がどんどん参入し、高島屋も伊勢丹もメインストリートに建つ国。寿司、焼肉、ラーメンなど日本人が食べたい店には不自由せず、しかも作っている料理人は日本人（海外の和食は、中国人が作っている場合が多い）。

しかしイタリア料理やフランス料理でいえば、まだまだ日本人が満足する段階にないという。

シンガポール在住の日本人、食関係のプロやジャーナリストに何人か訊いてみると、『アジアのベストレストラン五〇』にランク・インするような突出した店がごくわずかにあるだけで、東京のような層の厚さはまだない。料理、サービスを含め、レストラン文化はまだ芽吹いたばかりで成熟していないという見方だった。

だから東京でイタリアンを食べ馴れていた人々に、『ラ・ルーナ・ロッサ』は歓迎された。だが、満席の店というわけにはいかなかった。

リストランテの価格帯は高く、誰もが頻繁に行ける店ではない。しかも六〇席。日本人だけでなくシンガポーリアンの富裕層にも見つけてもらい、根づいていかなければならない。課題は多かったが、まだ一年目。高田は「これからゆっくり育てていけばいい」と考えていた。

けれどシンガポールの経営陣は、今すぐの繁盛店を求めた。ビルのすぐ上階のカフェが、まさに空席待ちリストが埋まるほどの人気店だったこともあるだろう。しかしジーパンで行けるカフェと、特別な日に行くリストランテでは、ターゲットも経済も何もかもが違う。高田にはふと、「日本側とシンガポール側に、考え方のずれがあるのかな」という思いがよぎった。

「僕自身、こっちに来てからもわかっていなかったと思う。求められていることと、日本側の僕らがやろうとしていることが違ったのかなと。細かいことから提携の条件、運営までいろんなことがずれていったんだと思う」

そして翌年五月、日本の『ラ・ルーナ・ロッサ』と、シンガポールの企業は業務提携を解消した。高田の意志とは関係ない、経営者同士の合意が得られなかったという事情である。これにより現地の企業は店を別業態に変更。高田は日本に帰れることになった。

ところが、高田は帰らなかった。

日本の店を辞めて、シンガポールに残ったのである。意地か、彼女ができたか、そんなにいい国なのか？　薄っぺらい想像を巡らせていたのだが、ようやく真相を訊けるときがきた。二〇一三年八月、私はシンガポールへ飛んだ。

選べる道はひとつじゃない

いつも行く場所があったら連れていってください、とお願いしていたら、高田はマリーナ・ベイ・サンズの対岸へ案内してくれた。シンガポールに来たばかりの頃、ここしか知らないからときどき来ては、ぼんやり眺めていたそうだ。

懐かしいなぁと笑う彼に、意地はなく、彼女もいなかった。

高田は、ある新しいプロジェクトの始動を待っている状況だった。東南アジアやオセアニアにグループをもつホテルの、イタリアンレストラン料理長という仕事である。だが大きな仕事だけに事業計画そのものの進行が複雑で、審査にも時間がかかる。

スタートまで半年以上かかりそう、ということで、彼はその間にシンガポールのイタリアンバールと、その系列の新店立ち上げに参加していた。

「『ラ・ルーナ・ロッサ』を辞めることになった途端、シェフのポストで、というオファーが一〇件くらいきたんです。それも日本とシンガポールだけでなく、東南アジアのいろんな国から。そういうのを全部同等に並べて考えたとき、(日本でなく)こっちでやってみたいなと。シンガポールは東南アジアの中心。ちょっとここで考えて、来年は違う国にいるかもしれない」

LIFEBUOY

海外でどんなオファーがあったのかざっと教えてもらうと、先のホテルのイタリア料理長（本社はタイ）。最近富裕層が形成されつつあるというインドネシア・ジャカルタの某企業が運営する高級イタリアン。ベトナムの個人店でのリストランテ。シンガポールで新規オープンの店三店と、既存店一店。

これらのチャンスは、「日本にいては一生会いようがない人たち」と出会うことで与えられた、と高田は考えていた。ジャカルタにタイにベトナムなんて、たしかに、日本にいるイタリア料理人にはそうそうない選択肢だ。

『ラ・ルーナ・ロッサ』を辞める時点で、高田は三十八歳になっていた。あらためて、自分のこれまでと、これからを考えてみたそうだ。

「日本では四六時中仕事ばかりでした。でもこっちではいろんな人とつながって人間関係も広がったし、誰かに頼られ、自分も支えられていると感じられた。そんなとき、気づいたらいろんな国のチョイスがあったんです。イコール生活のチョイスがあるということ、生き方を変えられるということなんだなと」

じつは東京で働いていた時代、就職口がなくて困っているという一世代上の料理人を何人か見たのだそうだ。修業を終えたら店で働き詰めになり、一方で毎年多くの若者がイタリアへ行き、帰ってくる。東京に料理人は余っている。押し出されるのはベテランなのか、と思うとやりきれなくなった。

「シェフで働けるところはおろか、働き口も見つからないなんて。年齢が高いほど淘汰《とうた》されてしまう中で、いつまでも東京だなんだと言ってる場合じゃないなと。だったら海外のほうが今まで学んだことを生かせるのになって思うんですよ。若い人と違って上の世代は基礎をしっかり修業しているし、日本人は教えるのがうまいと思う。それを僕が実践することで、後の人たちに道を拓《ひら》くことになるんじゃないかって」

シェフをつづけていくために、選べる道は一つじゃない。一つしか見えないならば、可能性を閉ざしているのは、ほかならぬ自分自身だ。

高田の視点では、シンガポールは今、日本が何十年とかけて取り入れてきたイタリア料理を短期間でいっぺんに取り込もうとしている状況。だからみんな情報を知りたがる。イタリア料理を求めているという。

「そのとき、僕はイタリア人より日本人のほうが、イタリア料理を客観的に語れると思う」

シンガポールという国そのものの役割

私は、二〇一二年のガヤの話を猛烈に思い出していた。

「君は『ラ・ルーナ・ロッサ』に行ったか？」

「これまでイタリア料理を食べたことのないアジアの国や、旧共産圏などの人々がイタリア料理を楽しむ時代がくる、その鍵を握るのは日本人コックだと思う」

これらの言葉を高田に伝え、そしてずっと引っかかっていたことを質問した。

日本人コックはイタリア料理のため、というより、自分自身のために修業しているのではないか。とすればガヤの言葉をどう受け取る？　と。

高田はまず、じーんと感じ入る表情を見せた。うれしいなぁ、いやー、うれしいなぁと静かな波長で繰り返し、そしてこう答えたのだ。

「僕はイタリア料理と、それを教えてくれたイタリアの人々に本当にお世話になったと思っています。イタリアのどの土地に行っても、包み隠さずなんでも教えてくれた。彼らからせっかく学んだことを日本に持ち帰るだけじゃなくて、世界に伝えてもいいんじゃないのかな？　僕にそれができるのであれば、伝えていく使命感を感じます」

彼はイタリアに恩義を感じ、想像以上の愛をもっていた。

ところで私が調べたかぎりでは、シンガポールでイタリア料理店のシェフを務める日本人は、二〇一三年当時ほかに二人いた。『ロペレッタ(L' operetta)』の中原勢太シェフ、『フォリーノ（Forino)』の鳥居健太郎シェフだ。

中原シェフは幼少期をシンガポールで過ごした経験があるそうで、イタリアで修業してシンガポールへ。鳥居シェフは日本で生まれイタリアで修業後、サイパンで働いてからシンガポールへ来た。二人ともまだ三十代前半。今後も日本に戻るつもりはなく、また鳥居シェフはシンガポールにもかぎらず、世界の舞台で働きたいという（二〇一五年よりロンドンの新規リストランテでのシェフ就任が決定。二〇一五年三月下旬オープン予定)。

現地駐在の日本人が、そういえばこんなことを言っていた。

「日本人シェフにとって、シンガポールは永住の地（最終目的地）ではなく、ステップアップしていく場所」

なるほど、と思った。ハブは空港だけでなく、シンガポールという国そのものの役割なのかもしれない。

リラックスできる国

ではシンガポールの暮らしとは、どんなものなのだろう。

物価は驚くほど高い。レストランの食事も、店で買うワインも日本の約一・五倍はするだろうか。しかし日本の食材も欧米の輸入食材も問題なく手に入り、本は紀伊國屋書店で日本語の雑誌もタイムリーに読める。街は日本人の感覚でいっても清潔、人も親切でフレンドリー。何より経済が元気で、街にエネルギーが満ちている。

「明らかに暮らしやすいですね。所得税も安いし。ただ、僕がいちばん好きなのは〝誰も人のことを気にしない〟っていうところ。アジアのいろんな国や人種がクロスオーバーする国で、いろんな顔がいてあたりまえ。誰がどんな格好をしていてもみんな普通に通り過ぎる」

高田自身の暮らしはというと、日本で大好きなバイクを手放した代わりに、ここではプールつきの生活を手に入れた。マンションの共有施設だが、ここで泳ぐ時間が絶対に必要なのだそうだ。

愚痴《ぐち》をこぼさず、いつも楽しそうな彼だけれど、もちろんストレスがないわけじゃない。そういうときは、プールか、カジノか、仕事帰りの足裏マッサージ。マッサージは毎週一回、カジノは一時毎晩のように通い詰めたが、生活が慣れるにしたがって行かなくなったそうだ。

今住んでいる部屋は、店を辞めてから自分で探した部屋。繁華街近くにある二四階建てマンションの六階で、部屋を何人かでシェアしている。高田はもっとも狭い、本人曰く「独房」のような部屋だが、次の仕事が決まるまでの仮暮らしだからそれで十分だと言う。シングルベッド一台と洋服ダンスがようやく入るほどの広さで、モノがない。荷物はいつもスーツケースに詰め込んであり、今すぐ、どこへでも旅に出られる態勢だ。

自称「国際自由人」。どこの国へ行っても、何か面白がれるという。

イタリア修業中もバカンスでエジプト、トルコ、ハンガリー、チェコ、スロバキア、ルーマニアと旅して感じたその自分の資質を、シンガポールで働いて再確認した。シンガポールも面白い、タイも面白い、インドネシアも面白い。

「ここで暮らして、自分がリラックスしているのがわかるんです」

リラックスという言葉に、リアルがある気がした。来てよかったという高田の表情は、通勤ラッシュの電車から降りた瞬間の、ほっとした感じに似ていると思った。だとすれば日本は、もはやリラックスした生き方ができる国、面白がれる国ではなくなりつつあるのだろうか。

「きちんと」のDNA

取材を終えた夜、シンガポールの今を見たくて街を彷徨《さまよ》った。世界的に注目されているクラフトビール[※2]の波も届いていたし、オーガニック・カフェもブーランジェリー（パン屋）もお洒落。

駐在の日本人に教えてもらったワインバーに、一人で訪れた。コンクリートの壁や床、躯体《くたい》がむき出しの天井、ステンレスと鉄と木の素材感が工場を思わせる空間に、アートなイラスト、メニュー代わりのペーパーシート。料理はトランペット茸のソテーにパルミジャーノがけ、ワインはピエロパンのソアーヴェ（ヴェネト州の白ワイン）。ここは中目黒か、と思う。

そのとき、換気扇フードの拭き跡がふと目に入った。オープンカウンターの厨房は客席から丸見えで、フードの角に拭き残しがある。そういえばカフェでもそうだった。四角いテーブルを、シンガポールの人はざざっと丸く拭く。

いや、重箱の隅を突つくつもりはまったくないのだが、ふと、日本なら違うだろうなと思ったのだ。と書くと、いやいや、日本人だって最近はテーブルの拭き方も知らないと言われるだろうか。たしかに日本人の美徳なんて、もはや神話か幻想になりつつあるのかもしれない。でもきっと、だからこそ、なのだ。日本という国そのものがアジアで、世界で、どう生きていくのか。シンガポールのエネルギーを感じれば、なぜだか少し焦る。けれど脈々と受け継がれてきた、四角い面は四角く拭くというメンタリティ。それがフォーマットであるかぎり、日本人は世界とわたり合っていけるんじゃないか。「きちんと」がＤＮＡに組み込まれている気質は、ほかの国が追いつけない能力じゃないか。

「切り方一つで味が変わるから」と日々厨房で精密に研《と》がれる包丁。これまで日本を強くしてきたものは、たぶん経済より原子力より、こういう普通の人々の普通の気質だ。

なんてことを考えていたら、高田の選択が、いろんな意味をもつ気がしてきた。イタリア料理を世界に伝えることは、日本人のそんな気質をも伝えることになるかもしれない。よその国の人にとって彼はイタリア代表であり、日本代表なのだ。

追記：二〇一五年現在。タイに本社をもつホテルのプロジェクトは頓挫《とんざ》した。審査を待つ間、いくつかの案件は流れ、別の国からのオファーもあったが、結局、高田はシンガポールに自身で店を出す道を選んでいる。

イタリア料理店では、日本人初のオーナーシェフだという。二〇一四年七月二十二日、『リストランテ・タカダ』オープン。

「あえて、日本人である自分の名前を店名に掲げました」

半年経って経営は好調だが、突然の急激な家賃アップもざらにあるお国柄。一店舗に頼ると足元をすくわれる可能性もある、とシンガポールであと二店舗の展開を考えているそうだ。早速二〇一五年六月に一店舗オープン予定。その先にはインドネシア、タイなど東南アジア、ハワイでの展開も視野に入れているとか。

自身の店の華やかな写真とともに、こんなメールがきた。

「これから五年、シンガポール拠点でどこまでできるかチャレンジです」

※1　『イル・チェントロ』（il Centro）

半世紀以上地元に愛されつづける、ピエモンテ州プリオッカ・ダルバの一つ星リストランテ。妻のエリデがシェフ、夫のエンリコがサービスを務める代々の家族経営。ピエモンテの伝統料理を、優しく軽やかに表現している。

※2　クラフトビール

職人のつくるビール。地ビール（土地のビール）とは少々意味合いが違い、より「人」の手仕事や個性が表れる。小規模醸造所による少量生産が多い。そもそもアメリカで自家醸造が合法化されたのを機にユニークなビールが現れ、一九九〇年代後半からその波が世界的に広がった。日本では二〇〇五年頃からじわじわ人気が高まり、二〇一〇年前後にブレイクしている。

Masahiro Takada

調理師専門学校卒業後、千葉のホテル調理部門に入社。青山『リストランテアントニオ』で四年修業後、二〇〇一年に渡伊。二カ月かけてイタリア一周の旅をする。ロンバルディア州『アンバシャータ』『サドレル』、トスカーナ州『ラ・テンダロッサ』、エミリア＝ロマーニャ州『ラ・フラスカ』等二つ星をはじめ、ヴェネト州、ラツィオ州、トレンティーノ＝アルト・アディジェ州、カンパーニャ州、マルケ州などでも修業。ピエモンテ州では『イル・チェントロ』『イル・カシナーレ・ヌオーヴォ』ほか六軒で働く。二〇〇九年四月より西麻布『ラ・グラディスカ』シェフ、二〇一一年中目黒、『ラ・ルーナ・ロッサ』シェフに就任。翌年、同シンガポール店開店とともにシェフ就任。二〇一四年七月、シンガポールに『リストランテ・タカダ』オープン。

第五章

故郷で、生活を築きたい

佐藤雄也
『Colz』（北海道・函館市）
一九七二年、北海道生まれ

「東京抜き」という発想

佐藤雄也と、イタリアで初めて会った二〇〇二年春。日本の価値観はまだ、東京をヒエラルキーのてっぺんに据えていた。高くてでかい建物がすごいことで、消費が憧れだった時代、料理人は「東京で一旗《ひとはた》揚《あ》げる」ことを目指すのがあたりまえだった。少なくとも、私はそう思い込んでいた。

ところが佐藤は真っ直ぐにこう語ったのである。

「こう言ったら、進歩がないいって思われても仕方ないんですけど、心の中でわかりきってることが一つだけあって。それは田舎で生活していた、あれ以上の楽しさはないってことです。僕にとっては。(山を歩くと)渓流の景色がどんどん変わっていって、山女《やまめ》とか岩魚《いわな》とか釣って、嫌なことがあっても忘れちゃうんですよ」

ピエモンテ州アルバのバールで、文字にすると標準語だが音にするとしっかり訛《なま》ったイントネーションは、外国語のようにも聞こえた。

北海道・函館生まれ、函館育ち。小さい頃から海に潜って魚をもりで突き、山を歩いて山菜や木の実を摘《つ》んでいた彼は、土地の自然に育てられたような人だ。同時に、水泳、空手、ボクシングにラグビーをしてきた男の子は、伯母が買ってくる、甘くてわくわくするお菓子が好きだった。

高校を出てすぐ地元のフランス料理店で修業に励むも、だんだんイタリア料理のほうが好きになってしまった。このとき、「東京がどんなものか見てみたくて」上京。南青山や中目黒のイタリアン三軒で働いた。

東京をそれなりに満喫した彼の、結論が先の発言である。

日本に帰ったら、故郷で店をもちたいのですか？　そう訊ねると、彼は「店をもつというより、自分の生活を築きたい」と言い直した。「故郷で」の部分は、答えるまでもなく当然なのだった。


イタリアで修業する日本人に何か異変が起きている、と感じたのはこのときが最初だ。佐藤は東京を経由したが、現地で取材したコックの中には、地元からいきなり現地へ飛び、日本に帰ったらまた地元で店を開きたいという直行直帰型も少なからずいた。

故郷の名産を料理に生かしたい。自然豊かな環境で自分の畑を持ち、自分で育てた野菜を料理に使いたい。地元を活性化したい。さまざまな思いはあれど、「東京抜き」という発想は、戦後の日本にはなかったものだと思う。

日本人の価値観が、変わりつつあった。ちなみに佐藤の場合は日本を発《た》つ前から「わかりきっていた」が、イタリアに来て初めて、故郷への意識や地産地消に目覚めたと答えるコックは多い。

イタリアは地元を誇り、地元に根ざす、地元愛の国。一九八〇年代にスローフード運動[※1]が生まれ、一九九〇年代後半にはすでに地産地消や伝統食材を守るといった考え方が体系立てられていた。日本人コックたちは料理だけでなくその思想や生き方にも憧れを抱き、日本へ持ち帰ろうとしていた。

彼らにとってのてっぺんは、必ずしも東京ではなくなっている。

バブル崩壊によって、一度自分たちを見失った日本は、上へ上へと見上げる時代から、地に足をつけ、足元を見直す時代へ入ったのではないか。モノも人も情報もすべてを「消費」する志向から、時間をかけて「つくる」「育てる」選択もありなんだと気づいて、舵《かじ》を切り始めているのではないか。

だとしたら自分の生きる場所として、東京以外の地方を選ぶ料理人、地方発信のレストランは増えるだろうし、いずれはそっちへシフトするかもしれない。そういう予感がしていた。

イタリア料理と言えるのか？

私がイタリアで出会ったコックの中で、その先頭を切ったのは、やはり佐藤だった。といっても半分、アクシデントだが。二、三年はイタリアで修業するつもりが、ビザの更新ができず、[※2]修業途中で帰らざるをえなくなったのだ。

二〇〇三年五月、函館、五稜郭《ごりょうかく》の近くに開店した『トラットリア・コルツ』に、彼はシェフとして立ち上げから参加した。コルツとは、イタリア最後の修業先である、山岳地帯のリストランテからいただいた名前だ。

オープン半年後に訪れると、宣伝どころか取材も受けていないというのに、店内はたくさんの人で賑《にぎ》わっていた。

喫茶店居抜きの小さなキッチンに、佐藤はイタリア時代よりずいぶん大きくなった体をギリギリねじ込んで二二席分の料理を一人で作っている。何度も汗を拭《ぬぐ》っていたけれど、追いつかないほど汗だくになって。

その皿には「すぐそこの海」で朝獲《と》れたばかりの魚介や、知り合いが育てた有機無農薬野菜、山で健康的に育てられた鶏の新鮮な卵が生き生きと載っていた。地元の人がよく味噌汁の具にするという稚貝が、ヴァポーレ（蒸し料理）になって現れたり。

「これがイタリア料理といえるのか？　と言われたら、僕はまだあきらかに得ていないものがあると思うけど」

繁盛しているにもかかわらず、当時、佐藤は自信なさげに言った。

たとえば彼はイタリアのコラトゥーラ（鰯《いわし》の魚醤《ぎょしょう》）の代わりに、襟裳《えりも》の鮭の魚醤を使う。海老＝海の食材で、カネデルリ（パンとチーズなどを団子状にした山の料理）を作ったりもする。イタリアに「ない食材」や、海のもの＋山のものという「（伝統的には）しない組み合わせ」である。そういうスタンスが「イタリア料理といえるのか？」という発言につながったというわけである。

もちろん自分の中では、イタリア料理の枠を崩しているつもりはない。しかし志半ばでイタリアを引き揚げた彼には、自分がその枠を知っているといえるのか、イタリア料理を堂々と語る資格があるのか、そういう負い目のようなものがあったのかもしれない。

しかしこのとき私が口にしていたのは、函館でしかありえないイタリア料理だった。海に潜り山に登る佐藤だから作れる味。そんな地産地消こそ、まぎれもなくイタリア料理のスピリットである。彼の負い目とは裏腹に、地方の時代は確実に、というより、すでにきたのだなと感じていた。

信頼できる人が作る食材を伝えたい

『トラットリア・コルツ』のオープンで感じた期待と予感は、その後、現実になった。

日本の「地方」と呼ばれる土地に、イタリア帰りの（あるいは日本で修業した）コックが散らばって、イタリアのように、その土地の食材を生かした料理を作り始めたのである。

その芽がいっせいに芽吹いたのは、二〇〇五年あたりからだと思う。地方発信のレストランは注目を集め、全国誌でも「地方イタリアン」などの特集が次々と組まれるようになっていった。

二〇〇九年六月、佐藤は独立してオーナーシェフとなり、近所へ移転。店は以前より広くなって、二六席＋カウンター二席、厨房のスペースも確保した。山で拾った古木の枝や、佐藤が蔓《つる》で編んだリースなどを飾った、彼らしい店だ。

ところで独立にあたり、店名から〝トラットリア〟が外れて『コルツ』に改名された。曰く、トラットリアと謳《うた》うことは、イタリア料理の店であることを主張することになる。そしてリストランテ、オステリアといったイタリア独特のカテゴリー[※3]に限定されてしまうからだという。

佐藤は主張もカテゴリーも外したかった。だがそれは逃げ道ではけっしてなく、新たな

覚悟としてだった。当時、彼はこう語っている。

「この六年で変わったのは、もっと地元の人脈が広がって、深くなったことです。七飯《ななえ》町の松本さんは高齢なのに手間を掛けて無農薬・無化学肥料で野菜を作り、政田農園さんは在来種も大切にするし、トレビスなど西洋野菜も自分が食べたいからって作ってしまう。僕は、信頼できる人が作る食材を伝えたい」

かつての「自分の料理がイタリア料理と言えるのか」という問いの答えはまだ見つかっていないけれど、でも彼にとっていちばん大事なのはそこじゃなくなっていた。

優先順位の一位は、この函館で、つながりのある生産者たちの食材で料理を作ること。そのとき、大好きなイタリアンの技法を基にして作っている、という順になる。トラットリアとしての在り方や伝統料理とかの括《くく》りは、『コルツ』にとって必要がなくなっていた。

記号化した名産ではない、風土を雄弁に語るメニュー

二〇一三年九月、佐藤の取材だけで四度目の函館へ飛んだ。

二〇〇三年、二〇〇九年、二〇一一年、そして今回。彼の使命は変わらず「生産者と食べる人をつなげる」触媒になることだ。

そして、考えに共感できる生産者は年を追うごとに増えつづけていた。土地のこと、食材や育て方のことを教えてくれ、未来を語り合う同志である。

人との関わりの中から生まれる料理は、たんなるご当地の特産を盛り込んだイタリア料理とは一線を画す。

佐藤の皿からは、函館を含む道南を中心とした、北海道の風土を強烈に感じる。思い切って言ってしまえば、私は市場の雲丹《うに》いくら丼よりも佐藤の枝豆のリゾットに函館を見た。記号化してしまった名産ではない、火山、広葉樹の森、さらさらの雪、それらを抱いた山の水が流れ込む豊かな海、海から吹きつける強い風といった、自然の営みから生まれる質感のようなものが伝わってくるのである。

それはどんなものであるのか。これまで私が食べてきた料理を、彼の言葉で紹介するのがもっとも早いだろう。

〈二〇〇九～二〇一三年のメニューより一部抜粋〉

●白樺《しらかば》の樹液のジュレ

「アイヌの古い文献で知った食文化です。雪解けの時季、七～十日だけ白樺が土の水分を吸い上げる。樹に耳をつけると、若い樹ほど勢いよくゴーゴーって音が聴こえるんですよ。春は植物も動物も目を覚まして、生きるための活動を始める、そういう季節なんだなって本当に感じます。それを白樺が困らない分だけ分けてもらって、一〇分の一まで煮詰めたものをゆるいジュレにしました。ほんのり甘くて、樹によって味が違うんですよ。白樺はこの辺どこの山にでもあるけど、僕はここから北に行った七飯とか、日本海のほうへ向かっていった厚沢部《あっさぶ》で」

●自家製生ハム

「函館の山の麓《ふもと》で、石積みの半地下の小屋で作っています。温度、湿度、風とかが生ハムの熟成にちょうどいい環境があって、生産者とも〝こういう肉がほしい〟とかやりとりできる関係なので、恵まれてますね。生ハムの一つ目は十勝野紅豚（現在の銘柄名は十勝野RETON）のプロシュット（豚後ろ脚の生ハム）で十四カ月熟成、二つ目は同じ豚のグアンチャーレ（豚頬肉の生ハム）です。デュロックの純血種で、毛が赤くて肉が自然な霜降《しもふ》り。生ハム、嚙むと脂が一瞬で溶けますよ。三つ目は白糠《しらぬか》の武藤さんのサフォーク羊のパンチェッタ（バラ肉の生ハム）。羊の香りと燻製《くんせい》の香りで」

※二〇一五年現在では、あかり農場の豚でパンチェッタなども作っている。

●松皮鰈《まつかわがれい》のカルパッチョ

「江差で捕れた松皮鰈です。王鰈とも言って、希少なので、捕っても二五センチ以下は放してくださいっていう決まりがある。身はエンガワみたいにコリコリしています。茄子のマリネを敷いて、この松皮鰈をのせて、ガマズミのジュレをかけました。ガマズミはスイカズラ科の植物で白い花、赤い実をつけます。この実を煮出して漉《こ》した、酸味のあるジュレ」

※二〇一五年現在、松皮鰈は主に南茅部《みなみかやべ》産を使用。神経を抜いた活《い》けの状態で送ってもらう。

●ホタテとアズキナのアランチーニ

「渡島《おしま》半島に抱えられるような、丸い形の湾を噴火湾（または内浦湾）と言います。ここがすごくいい漁場。まず、内陸の山には森が多くて、その水が海に注がれるから栄養がいっぱい。海は寒流の親潮と津軽暖流が流れ込むのですが、春夏と秋冬では回転が逆になる。ホタテも有名で、養殖もおいしいけど、今日のは噴火湾の中でも砂原《さわら》（地区）の天然もの。甘味が強いんですよ。アズキナは山菜で、行者《ぎょうじゃ》ニンニクと似た形だけどやや大きくて、やや薄い色。茹《ゆ》でると小豆《あずき》の香りがするからアズキナです。地元では天ぷらやお浸しにしますが、僕はアランチーニ（ライスコロッケ）の詰め物に」

●岩魚のムニエル 熊笹のブロードと春キャベツの煮込み

「熊笹、昔はお茶にして飲んでいましたよね。え、知りませんか？　熊笹は山で採ってくるんですけど、若く青々とした葉でなく、枯れる手前がおいしい。それを鶏のブロード（だし）と一緒に炊いて。僕は熊笹とか山菜を乾燥させて、よく使うんです。野草のハーブですよね。ウドの葉、三つ葉、行者ニンニク、ふきのとうも。あ、山ブドウの葉も包み焼きやマリネに。たとえばウズラや牛肉を栗と茸と一緒に山ブドウの葉で包み、山ブドウのソースにしたり。山には週一回くらい行きます。昔は週に三、四回は行ってたけど。川釣りは今、魚が少ないから控えてるんです」

●鶏のロースト 黒文字の瞬間スモーク

「黒文字って、山に入る人が歯磨きに使ったりするんですよ。山椒のような爽やかな香りです。芯を切ると樹が死んでしまうので、枝だけ分けてもらって、オイルに浸して香りを移し、中札内《なかさつない》の鶏モモ肉をマリネします。それを皮目だけパリッと焼き、黒文字の枝に刺して強火のオーブンで瞬間スモークに」

●山田農場の山羊《やぎ》のカンノーリ

「函館から北に向かって、大沼のほうに行くと軍川《いくさがわ》ってあるんですけど、まだ若いご夫婦が移住して、ブラウンスイス牛と日本ザーネン種の山羊を放牧で育てて、その乳でチーズを作ってます。家も、牛舎も、チーズ工房も全部自分たちの手作りなんですよ！　ご主人は共働学舎新得《しんとく》農場（新得町で酪農、農業、チーズなどもの作りを行う場。チーズは世界的にも評価が高い）で学んだ人で、ヨーロッパに負けないチーズだと思う。山羊のチーズは酸味があってコクがあり、山羊のいい香りはあるけど嫌な臭みが全然ありません。山羊は普段、笹やよもぎを食べているので、カンノーリ（筒状の揚げた生地に、フレッシュチーズなどを詰めたお菓子）の生地によもぎを練り込みました。若い芽だからよもぎの色は出ませんが、微《かす》かな香りがチーズにつながると思います」

●コクワ風味のウォッカのババとミルクのジェラート

「コクワはサルナシ（マタタビ科）の実で、キウイの原種みたいなもの。ちょっと梅に似ている香りだけど酸味は少ない。これをウォッカに漬けて果実酒を作っているんです。ババは普通、スポンジ生地をラム酒のシロップに浸しますが、ラムの代わりにコクワの果実酒を使いました。甘味がおだやかで、さっぱりしています。自家製果実酒はいろいろ作ります。山の鬼胡桃《おにぐるみ》と山胡桃を、黒くなる前の青いうちに採ってシナモンやバニラとスピリタス（九五～九六度と、日本で手に入る中でもっとも高アルコールのウォッカ）に漬け、ノチェッロ（胡桃のリキュール）にしたり。胡桃は殻＝種の周りに果肉があるので、丸ごと漬けるんですよ。これは牛乳で割るとおいしいです。あとは山ブドウの実をウォッカに。綺麗な赤ワイン色で、樹の枝のような青い香りと酸味があります」

●スモークした噴火湾産赤ホヤと清和の丘農園のセルバチコのキタッラ

「赤ホヤって、殻がつるんとして、耳みたいのがちょんちょんとついている面白い形。珍しいけど、噴火湾で捕れます。普通の真ホヤより歯ごたえも甘味もあるけど、加熱するとさらに甘味とだしが出ます。このだしを使いたいから、サラダよりパスタがいい。手打ちのキタッラ（ギターの弦に似た道具で生地を切るパスタ）に使う小麦粉は、北海道産の二種類。瀬棚・加賀ナチュラルファームの自然農法の小麦粉と、留萌《るもい》町のルルロッソというデュラム小麦に近い硬質の粉。胚芽が入って、香りがいいですよ。清和の丘農園さんは厚沢部で、無農薬・無化学肥料で野菜を育てています。放し飼いしている鶏が農園のものを食べて、その糞が畑の肥料になる自然循環型農業。僕もたまに手伝っています。ヒルムシロという、除草剤の登場とともにほぼ絶滅したといわれる草が、この農園にはたくさん生えてますよ。スベリヒユという、一般に雑草といわれるけど生薬にもなる草も。野菜は強くて味がしっかりしていて、僕は野菜の花も使います」

●ポン太さんのグリーンアスパラガスのスフォルマート[※4]

「もともと木こりをしていて、アスパラガスが好きすぎて作り始めたという、面白い人です。糖度が高く、すっごく太くてやわらかい。朝、収穫したてを売ってくれるので、折ると水が滴《したた》ります。だから十秒も茹でないくらいで引き揚げて、生クリームも塩も極力微量に抑え、蒸し上げました。かける油はオリーブオイルじゃなく、瀬棚・秀明ナチュラルファームの、ナッツや胡麻《ごま》のような香りがする菜種油。瀬棚は菜の花畑があたり一面にぶわーっと広がる綺麗な町です」

●魚介のサラダ

「入船って本当にここからすぐの海なんですけど、生雲丹がおいしいんです。ほかにゴリゴリのツブ貝、噴火湾のアジ、マコガレイ、北海シマエビ。函館のある渡島半島は、三つの海があるんですよ。日本海、津軽海峡、噴火湾。捕れる魚種が違ったり、同じ魚でも身質が全然変わるから面白いですよ。野菜は清和の丘農園のミニヒノナ（蕪《かぶら》の一種）、かたばみ、スベリヒユとかいろいろ。ソースは二つあって、菜種油のドレッシングとアンチョビ、時季が合えば、アンチョビじゃなくホタルイカをペーストにして使うけど、今はないから」

●政田農園の枝豆のラビオリ

「政田農園さんは駒ヶ岳にあって、在来種を大事にされています。赤皮にんにくや、蛇みたいな皮のきゅうりもあるんですよ。枝豆も在来種で、代々政田さんの畑で種をつないできたから、品種の名前がわからないんです。甘味と、豆のコクもありますよね。それをギリギリまでやわらかいピュレにしてラビオリに詰めたので、絶対フォークで刺さず一口でどうぞ。枝豆がそのまま口に広がればいいなと」

●清和の丘農園の枝豆のリゾット

「同じ道南の枝豆でも、地域や生産者や種類まで違うと、味も香りも全然違います。こちらは本当に香りが鮮烈というか、枝までいい香りです。なので枝を焙《ほう》じて香りを米に移し、枝豆と一緒に炊いてリゾットに」

●鱈《たら》の昆布〆のコトレッタ

「地元の鱈を二日くらい昆布〆にします。ホトケノミミ（銀杏藻）、布海苔《のり》、メカブ、岩海苔など六種類の海藻と自家製パン粉を纏《まと》わせて、オーブンで揚げ焼きに。椴法華《とどほっけ》産の若採りの真昆布をソースにして、塩は一切入れていません。海の塩分と旨味だけだから、言ってみれば海そのものの味」

●焼尻島《やぎしりとう》・萌州《ほうしゅう》ファームのプレ・サレ焼尻

「フランスのプレ・サレは沿岸部で、塩分を含んだ牧草を食べて育ちますよね。北海道北部の焼尻島でもやってるんです。離島だから、海に囲まれた牧草地で冬以外は放牧で育つ。外敵がいないから、昼も、夜寝るときも草の上という幸せな羊です。これはサフォーク種の七カ月。熊笹と、ダッチオーブンで低温の蒸し焼きにしました。ロゼよりもっとレアな火入れですが、最後は強火で、海辺育ちの羊の香りに、熊笹の青っぽい山の香りを重ねる。一緒に焼いた政田農園のじゃがいもは、品種は忘れたけど、男爵《だんしゃく》とキタアカリの中間くらいの質感のものです。最後に十勝マッシュルームのドライを散らしました」

●あかり農場の豚すね肉テリーヌ、政田農園のルバーブのコンフェットゥーラ

「軍川のあかり農場は、配合飼料を使わず、同年代の人ががんばってる。彼の考え方が好きで、これからのことを話すと楽しくなっちゃって時間を忘れます。今回はすね肉だけで固めたテリーヌ。肉の香りがすごくよくて、濃厚な旨味、だけど脂がすっと切れるから、さっぱりしていると思う。ルバーブのコンフェットゥーラ（ジャム）は土っぽい独特の香りに酸味を効かせて、豚と合うように」

素材ありき

「自分が信頼できる生産者にかぎっても、道南だけでもすごい数になります」

ほかに、野菜全般を育てている七飯の松木農園、ハスカップ（ブルーベリーより小さく、酸味と渋味のある果実）は乙部《おとべ》・山科さん。アスパラガスの緑と紫は今金《いまかね》・曽我井さん。紫雲丹は奥尻島の佐々木さん。というふうに得意な食材ごと、じつに細かく生産者が揃っている。

羊は瀬棚のよしもりまきば。牛は、短角牛が襟裳・高橋ファームと足寄《あしょろ》・北十勝ファーム、そして北里大学八雲牧場の北里八雲牛、池田町の池田牛。同じ食材でも複数の生産者から仕入れているのは、「誰々の短角牛はこの料理」といった使い分けをしているからだ。

まず、素材ありき。全国の食材が揃う今の日本では、たいてい「この料理を作りたいから、どの材料を仕入れる」という発想になるが、地元の素材を主に使おうと思えば「今日、これが手に入ったからどう生かそう？」の順番になる。

「チーズもワインも、最初は輸入でもいいと思っていたんですよ。実際、チーズは初めの頃、山田農場さん以外はヨーロッパ産でした。ワインもイタリアワインばかり。でもこの十年で、北海道においしいチーズやワインがどんどん、すごいスピードで増えたんです」

二〇一三年現在、『コルツ』で扱うだけでも、チーズは先出の山田農場のほか瀬棚・村上牧場ミルク工房レプレラや八雲チーズ工房など約一五軒。ワインは函館の農楽蔵、岩見沢のナカザワヴィンヤードなど五蔵が道内の生産者。日本国内でここまで数と質が揃う産地は、やはり北海道が随一だ。

『コルツ』のメニューを読めば、質問せずにはいられない。「ガマズミって何？」「噴火湾ってどこにあるの？」「熊笹ってどこに生えてるの？」

人は北海道の地図を頭に描き、土地の場所をなぞる。丸い湾の海なら穏やかなんだろうか、離島なら風が強いかもしれないな、と想像する。よその人はもちろん、地元の人も、自分たちの宝に気づくことができる。

料理をつづけられる理由

佐藤の周りにいる生産者は、ベテランから新規就農の若手まで層が厚い。七十代になってもいまだに試行錯誤を惜しまない農家も、家畜にとって幸せな環境を求めて家族で移り住んだ畜産家も、アイヌの食文化を語り継ぐハンターもいる。彼らはみな、勉強家でチャレンジングだ。

そのうちの一人、豚を育てているあかり農場・山田憲一に話を訊くことができた。二〇一二年から大沼・軍川に移住した憲一・聡美夫妻もまた、共働学舎新得農場出身。山羊、羊、豚（デュロック種にランドレースと大ヨークシャーの掛け合わせ）とともに暮らしている。

既製の配合飼料を使わない彼らは、餌をいろいろなところから集めて回るという。地ビール「大沼ビール」のビール粕《かす》、地元農家の米ぬか、大豆、おからをベースに、規格外のはね野菜（じゃがいもやかぼちゃなど）、道南産の小麦を使うパン屋のパンくず。夏が終わ

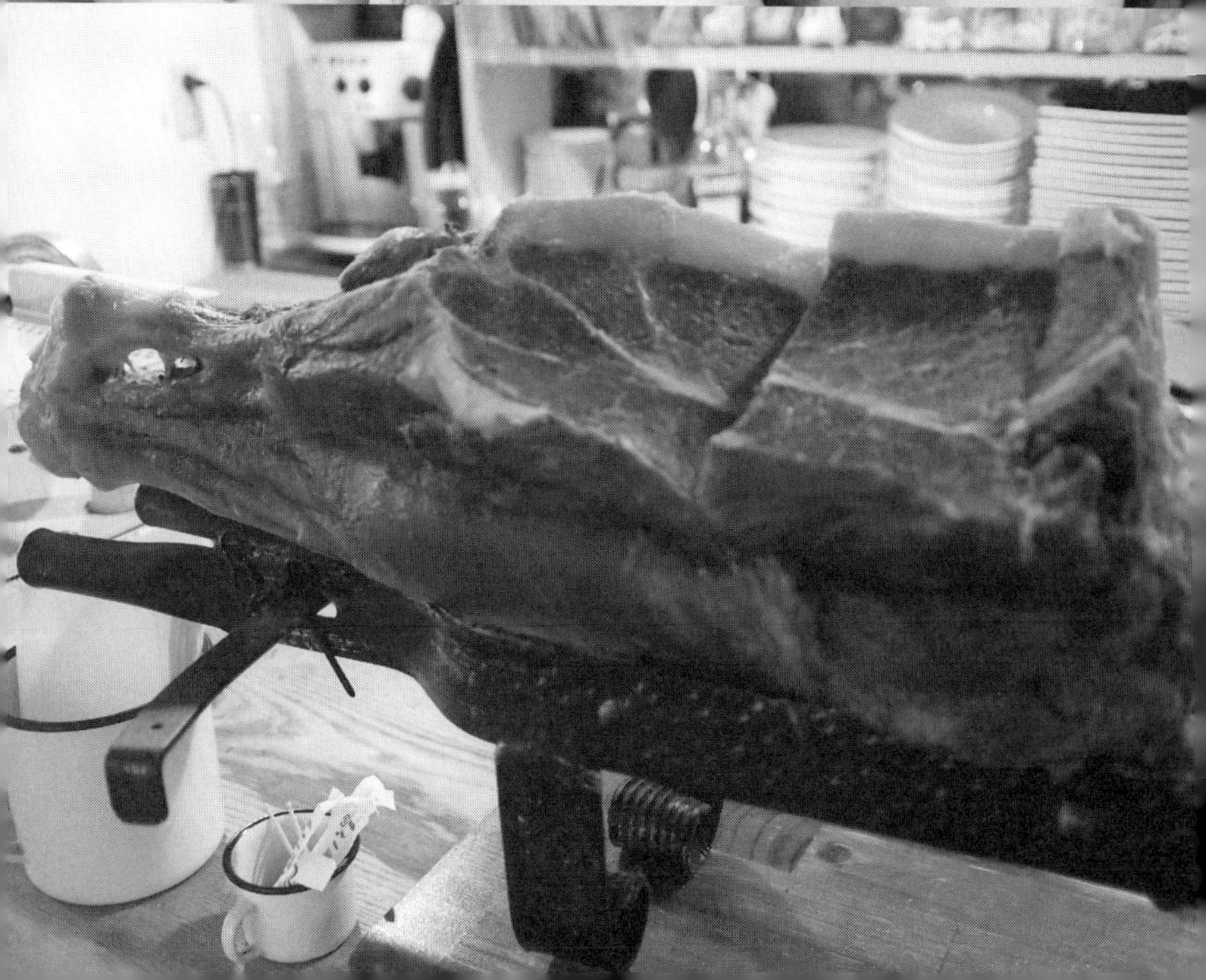

れば、とうもろこしの収穫後の畑へ茎を刈りにも行って、葉や茎を分けてもらう。最近では玄米を炊いて与えているそうだ。

「餌については地元にあるものをどう生かすか、という考え方です。発酵のさせ方で、いい微生物が育つと香りもいいですよ」

曰く、それがいい悪いでなく、正しいか間違っているかでもない。同じ土地で育った餌を与えたら、どんな味になるのだろう？　という生産者としての追究心、ただそれだけなのだそうだ。

ちなみに一般に豚舎の床は掃除のしやすいコンクリートにしている業者が多いが、ここでは土。豚は土を掘る生き物だから、その本能を奪ってはいけないと考える。

「土を食べたり、土の中で寝たり、土とともに生きる動物だから」

要は、豚が元気に生きられる状況をつくっているのである。

北海道の豊かさは、こういうところにあるのだとつくづく思う。とにかくでっかい自然の恵みだけでなく、食べ物を作る人の意欲、哲学、志。

料理人は生産者に支えられているというが、逆もまた真なり。同じ考えをもつ生産者や料理人がつながれる環境があることは、両者にとって幸福だ。佐藤が料理を作りつづけていく理由、つづけられる理由がここにある。

生産者を一人でも多く知ってほしいからと、彼は取材者や料理関係者が函館を訪ねるとたいてい、自分の車を出して、休日返上で畑や牧場やチーズ工房を案内する。「ちょっと会って、話を訊いてみてください。すごいことしてる人だから。すぐそこだから」と言って。

自然の中で人間がどういさせてもらうか

「独立（移転）して三年経ちますが、開業費用の借金を返してから次のステップへ進みたい。十年かかるかなと思っていたけど、もう少し早くなるかもしれません」

今後のことを訊くと、佐藤はいつもと変わらぬ返事をした。今、『コルツ』がある場所は函館の街なかだが、佐藤の目標は自然の中で「自分の生活を築くこと」。本当に、十年前から変わらない。ただ、理想の土地は「前の候補地よりさらに奥地」になったという。

「別荘地じゃない、軍川、八雲、厚沢部、駒ヶ岳あたり。僕がやりたいことはリゾートじゃないから。自然は、人間が手を加えたとたんに自然でなくなります。人間はあくまでも自然の循環の一つ。熊笹や黒文字など、採っても減らないものを分けてもらいながら料理を作っていきたい」

彼に言わせれば、レストランという在り方も自然に反しているのではないか、という葛藤があるのだそうだ。自分の店でいえば廃棄物は出るし、循環もしていないから。

「昨日、狩猟免許の更新に行ってきたんです。更新はしているけど、狩猟には最近行ってません。疑問が湧いてきたから。害獣《がいじゅう》ってなんだろう？　って。熊が増えて困っていると言うけど、それは人間からの言い分で。鳥にしたってこの鳥は保護すべき、この鳥は撃ってもいいって、人間が調整するものではないんじゃないかなって」

もちろん人間も自然の一部なのだが、たぶん、彼は自然に迷惑をかけたくないのだろうと思う。そのせめぎ合いと人間視点のサイクルの中で、ジビエ（野禽《やきん》）は「いただいたものは大事に使わせてもらうが、自分で積極的に獲りには行かない」という、とりあえずの結論に至っている。悩みがちな性格も、悩みのテーマも変わらず、「自然の中で人間がどういさせてもらうか」だ。

「今の土地は僕らのものでなく、いろいろな生きものから預かり、これからの生きもののために守っていくもののような気がしています。それは人間だけのものではないので」

佐藤はその思いを、彼のイタリア料理で伝えようとしている。

※1　スローフード運動
地域も季節も関係ない、いつでもどこでも同じ味の産業化された食＝ファストフードに対する危機感から、その土地に代々伝わる食とつくり手を守り、未来へつないでいこうとする活動。一九八六年、ピエモンテ州ブラで始まった。

※2　ビザの更新ができず
イタリアで学んだり働いたりする場合、就学または就労ビザ（査証）とペルメッソ（滞在許可証）が必要。就学・就労ビザの有効期限は最長一年（二〇〇三年当時）。ペルメッソも地域や種類により期限がある。ゆえに期限が切れる前に更新しなければならないのだが、手続きの煩雑《はんざつ》さに加えてイタリアの場合、かなり待たされることが多いため時間切れに……という者も少なくなかった。

※3　イタリア独特のカテゴリー
リストランテ＝品格を備えたレストランを頂点に、それよりカジュアルだが主に伝統的な地方料理を提供する店をトラットリアと呼ぶ。オステリア「osteria」はそもそもラテン語の「hospite」（人を歓迎する場所の意）が由来。旅人が休む・泊まる・食べて飲むところだったが、次第に宿泊機能がなくなり、ワインを飲ませる居酒屋部分が特化。さらに現代では地元密着型の食堂という意味合いに変化している。

※4　スフォルマート
一般にベシャメルソースとさまざまな材料を型に流して、オーブン焼きか、または蒸した料理。

Yuya Sato

学生時代はラグビー、空手、ボクシング、水泳が得意な一方、お菓子作りにも熱中した。十八歳で函館のフランス料理店へ就職。八年間の勤務の間、牧場で馬に乗り、冬は犬ゾリ、夏は海へ潜り、川では釣り、春には山へ山菜や茸を採りに行く暮らしをしていた。この頃イタリア料理に開眼し、二十六歳で上京。三軒のイタリア料理店で働き、合間に日雇いのアルバイト（クーラーの取り付け、引越し、高級家具の搬入など）も経験。二〇〇一年にイタリアへ。ロンバルディア州、ピエモンテ州の一つ星リストランテ三軒で働いた後、トレンティーノ＝アルト・アディジェ州『チャステル・コルツ』で三カ月修業。二〇〇二年に帰国。二〇〇三年五月、函館『トラットリア・コルツ』開店と同時にシェフ就任。二〇〇九年六月に独立、店名を『コルツ』に改名。

第六章

車いすシェフという自由

伊藤 健
車いすシェフ（愛知県・丹羽郡）
一九七四年、愛知県生まれ

スペイン畑の人

二〇一三年九月、柏森《かしわもり》という、名古屋から電車で二十分ほどの駅に着いた。タクシーに乗り換えて、待ち合わせのリストランテ前。料金を払っているそのとき、ぽつりぽつり畑の残る住宅街を、一人車いすを漕いでくる伊藤健が見えた。

これが速い。たぶん普通の速歩きよりも速いスピードで、グングン、グングン近づいてくる。

「伊藤さん！」

車を降りて、こちらは四年ぶりの懐かしさを込めて呼びかけたのだが、車いすをキュッと向き直した彼は「あ、イカワさん」とまるで昨日も会った人のように淡々と返す。そして「駅からの道はわかりましたか」とつづけた。そうだった。彼はいつも、まずは他人のことを心配する人だったと思い出した。

シンプルなフォルムの車いすですねと言うと、スポーツタイプなのだと教えてくれた。「僕自分でできちゃうんで、電動も、人に押してもらう必要もないから。速いですよ、これ。下りになると止まらなくなるので、自分でブレーキかけながら」

その二の腕の筋肉は砲丸投げ選手並みに発達して、まるで足のようだ。いや、足なのだ。五年前に突然動かなくなった下半身の代わりに、両腕で車輪を回すため、肩も厚く、首も太くなった。イタリアで修業していた頃は、どちらかというとひょろっとしていた彼が、生きていくために身につけた筋肉だった。

もともとは何の障がいももたず、みなと同じようにオーナーシェフを目指していた若者だった。二〇〇〇年にイタリアへ渡り、三年半ほど修業した後、スペインでも約八カ月修業して二〇〇六年に帰国。故郷は愛知だが、東京の外食企業へ就職した。

「海外では、日本から来たと言うと必ず東京か？　って訊かれる。僕は愛知から直接イタリアへ出たから、東京を知らないんですよ。だから逆に、東京ってなんなんだ？　と思って」

彼にとっては東京も、海外修業のつづきのようなものだったのかもしれない。

帰国とほぼ同時に決まった就職先は、都内を中心にピッツェリアなどを展開、イタリアやスペインの星つきレストランも招聘《しょうへい》し、破竹《はちく》の勢いで店舗数を増やしていた企業である。最初の配属先は、日本橋にある『サンパウ』(スペイン版ミシュラン三つ星の東京店。二〇〇七年より東京版で二つ星)。

ちなみに当時の日本、とくに東京ではモダン・スパニッシュやバルに火がついて、すでにイタリア経験者より、「短期間でもスペイン帰り」の料理人が求められる時代になっていた。

「僕はスペインよりイタリアのほうがずっと長いけど、日本に帰ってきたら〝スペイン畑の人〟になっちゃったんですよ」

僕がいなきゃ駄目だ

会社がバルの急展開を始めると、伊藤は丸の内のバル『ムイ』に異動。四人シェフ体制の一人となり、そのわずか数カ月後には、名古屋に新しく出店する『ムイ』へのシェフ就任が決まった。

出店先の名古屋ミッドランドスクエアは、二〇〇七年三月に開業を控え、地元の新しいシンボルタワーとして注目されていたビル。華々しい帰郷である。

とはいえ、舞台の裏側はたいてい慌ただしい。

この店も、スタッフが集まって二週間後にオープンというスピードだったという。人材の多い東京と違い、名古屋でのスタッフ集めは苦戦し、伊藤以外のスペイン経験者はゼロ。だが彼は「ゼロからっていうことに意味がある」と感じていたという。

「ゼロからみんなで店をつくっていく、ゼロから人を育てていく。その過程が、自分もまた育ててくれる。結局人を育てるということが、自分のためにも、店のためにもなると。でも、人が育つには時間がかかる。いつの間にか、僕がいなきゃ駄目だって、そう勝手に思い込んでいたかもしれません。無理しちゃっていましたね。仕事という山を登ろうってときに、無責任ではいられなかった」

オープンと同時に殺到するお客、マスコミの取材。それらをこなしながらの営業と人材育成。しかしどんなに忙しくても、休日は月に六日、必ずスタッフ全員が取っていたそうだ。休むときは休む。その代わり出勤日にはがんばろうという、それがシェフとしての伊藤の念持《ねんじ》だった。

翌二〇〇八年夏。それは、風邪かな？　という症状から始まった。

咳はないが熱っぽい、だるい。そのうち治るだろうと薬を飲みながら騙《だま》し騙し仕事をつづけているうちにだんだん重くなり、ある日たまらず休み時間に病院へ抜け出し、点滴を打ってもらった。その直後だ。伊藤は路上で倒れ、痙攣《けいれん》が止まらなくなった。救急で運ばれるが、痙攣を止める薬が切れるとまた痙攣。看護師三人がかりで押さえつけていたという。

眠っている間に二カ月経っていた

家族が駆けつけ、同意を得て全身麻酔を打った後、彼は昏睡状態に陥った。意識不明である。この先も意識が戻るかどうかわからない。家族は医者にそう告げられた。後でわかったことだが、脳にウイルスが侵入していたのである。病名は「非ヘルペス性辺縁系側頭葉脳炎」とつけられた。

目覚めたら、首から下がまったく動かなくなっていた。喉には穴が開けられ、管から酸素が送られている。眠っている間に二カ月が経っていた。

その現実をいきなり突きつけられたとき、伊藤は何を思ったのか。

本人曰く、パニックにはならなかった。じつは意識が戻ったとはいえ、しばらくの間は朦朧《もうろう》としていたからだ。頭がはっきりしてきたのはさらに一週間ほど後のこと。その時間経過の中で、ゆっくりと「僕は運がいい」と思えてきたのだそうだ。

まず、倒れたのが一人のときじゃなかったこと。だからすぐに救急で運んでもらえたし、何より意識が戻ったのだから、と。

「それに病気って、よくなっていく病気と悪くなっていく病気があるじゃないですか。同じ病室のおじいちゃんとか、悪くなっていくほうの人ばっかりだったんですよ。そうすると誰でも思いますよね、ああ、僕は恵まれているって。がんばればがんばるほど、身体的にはよくなっていくから」

実際、リハビリをするようになってから、体力や身体機能は急速に回復した。一日一日、肩や腕の可動域も握力も戻り、上半身は徐々に動かせるようになってきた。

伊藤から電話をもらい、私が初めてこの事態を知ったのは、リハビリを始めて半年後のことだ。

「今、リハビリしているんですけど、たぶんこのまま歩くことはできない気がするんですよね。だからシェフの道はあきらめなくちゃいけないかも。別の道を探さないといけないかな、と」

電話から、淡々とした声が聞こえてきた。

そして「僕より周りの家族が大変だった」とか、「その後の店のスタッフが大変だった」とか、やはり彼は人の心配をするのだった。

宿題

事故からもうすぐ一年という頃、私は伊藤を見舞いに訪ねている。当時のノートに、その記録があった。

＊

二〇〇九年夏、名古屋総合リハビリテーションセンター。第一病棟二階、一〇六号室。教えられた病室を覗《のぞ》き込むと、真正面のベランダに伊藤が見えた。

長い足を組み、笑みも悲しみもない表情で、ぼんやりと外の世界を眺めている。赤いTシャツに黒の短パン、ハイソックス。サッカーの練習帰りみたいな格好だが、たしかに、彼が座っているのは車いすだ。

「こんにちは」

そっと声をかけると、やはり例の飄々《ひょうひょう》とした調子で「あ〜、イカワさん。お久し振りじゃないですかぁ」と返ってきた。

「何をしていたんですか」

「僕はこれから、何をしていこうか、僕に何ができるのかなって考えてました」

彼の視線の先を辿ると、畑の緑が見えた。

何から話していいのかわからないまま、思いついたことから雪崩《なだれ》のように私はしゃべった。プロレス好きだと料理人の××さんから訊いたこと、だからプロレスの雑誌を買ってきたこと、ついでに、本を人にあげるのは好きじゃないから雑誌にしたのだということ。

伊藤は、私よりさらに自由なリズムでどんどん応えた。

プロレスは僕じゃなく××さんが好きなんじゃやん？　イタリアで一冊持っていたっけなぁ。三沢が死んだよね。でも（持ってきてくれた）雑誌は読む読む。友だちもやたら本や雑誌を持ってきてくれるからすごいあるよ、ほら。

段ボール箱一個分の雑誌と本と漫画の中に、『美味しんぼ』が見えた。私は何となく料理雑誌は避けたのだが、彼は読みたかったかな、と思った。

「暇だからって、こんなのもある」

ルービック・キューブだった。

プロレスはそんなに好きでもない、と言いつつ、プロレスは相手の技をいったん受けて、返して、の繰り返しであることを教えてくれる。そのルールはちょっとおかしいんじゃない？　戦いなんだし、と私。その「型」が醍醐味《だいごみ》なのだ、と彼。いや、それよりなんでプロレスの話ばかりしてるんだろうか。

二人であはは笑っていると不意に、来月には退院予定で、実家を車いす仕様に改装しているところだと話題が変わった。

「でも僕、実家に戻る気ないんですよねぇ」

一人暮らしをするのだと、さらりと言う。

実家にいても、自分にできることなんてないからだそうだ。実家の周辺は犬山とか入鹿《いるか》池なんていうほのぼのとした名前の山や池があるいいところだが、車がないとどうにもならない。彼は、車の運転を禁じられていたのだった。

「今まででいちばんショックだったかもしれない。じつはたった今、イカワさんが来る直前に、ドクターに言われたんです。僕は運転できないって。痙攣の薬を飲んでるんですけどね、大量に。一日一〇錠。その薬を飲んでいる人は運転しちゃダメなんだって」

リハビリを重ねても、彼の足はついに動かないままだった。正確にいうと補助足をつければ、松葉杖で一〇〇メートルくらいは歩ける。それが限界。

「でもね、これを履《は》くのがまた大変。片足十五分はかかる。朝、歯を磨いて、これ履いたら、もう十時ですよ」

伊藤は笑った。そしてついに、車という足までも奪われてしまった。

「イカワさんはいろんなところに行けていいなぁ」

彼が一瞬でも弱さを見せたのは、後にも先にもこのときだけだ。

旅が好きで、広い世界のいろんな国や人に出会いたくて、会社を辞めてイタリアに行った人。

「（修業していた）あのとき、イタリアにいた人たち、どうしてるんですかね。お店もった人もきっと多いよね。その人たちの十年後、書かないの？　僕、車いすでピースサインするよ」

私は、何か宿題をもらった気がしていた。

＊

ああ、全部好きじゃないんだな

退院前、医師に「車いすの生活になる」と告げられた瞬間から、レストランの厨房ではもう働けないということが事実としてわかった。

伊藤は、こう捉えたという。

「そっちの道はあきらめなければならない。けれどそれは数ある道の一つであって、これで人生終わりってことじゃ全然ない。むしろ第二の人生と思って、違うことをすればいいって。料理だけじゃなくて、僕にはもしかして、もっとほかに可能性があるんじゃないかって考えました」

言葉どおり、退院して一週間後にはハローワークにいた。

その日から通い詰めたが、しかし仕事の種類と数の少なさには愕然《がくぜん》とした。求人情報をパソコンで検索しようとすると、まず画面に「正社員・パート・障がい者」と出てくる。「障がい者」とクリックすると、だいたいが按摩《あんま》、マッサージ、社会福祉法人。その中に時々、グラフィックデザイナーがあったそうだ。

「で、グラフィックデザイナーを一年間やってみたんです。でも新しいソフトとかアプリとかどんどん進化していて、いくら勉強しても追いつかない」

そこで今度は、資格取得を目指す。宅地建物取引主任者資格、簿記二級、中小企業診断士、コーディネーター系五〜六職種。資格以外にもイタリア語翻訳、声優（視覚障がい者のための朗読）。自分への投資のつもりで、二年間いろんなことに挑戦した。

でも、全部うまくいかなかった。

無理もない、まだ回復途中だったのだ。健忘症や言語障がいの症状が残っていて、それらは徐々に治りつつあったものの時間がかかると医者にも言われていた。わかっていたが、それでも見切り発車せずにはいられなかったのだ。

「でも僕、何一つリベンジしようとしなかったんですよね。で、結論、ああ全部好きじゃないんだなと。好きなのは料理だってことがわかったんです。料理は修業が厳しくても、忙しくても、好きだからつづけられたんだって」

恥ずべきは「挑戦しないこと」

このとき、覚悟が決まった。

好きな料理で生きていく。ならば今の自分の条件で、どんなことができるだろう？店、出張料理、デリバリー、料理研究家、料理教室、加工品販売と、料理の仕事にもさまざまな道がある。

その中で、伊藤が選んだのは「教える」という道だった。それはごく自然な選択だったかもしれない。学生時代のアルバイトから始まって、日本でもイタリアでも、彼はなぜか新人の教育係を任された。そしてその役割が気に入っていたと、以前そんな話をしていたことがある。

ただ、今度は下の人間に厨房の仕事を教えるのでなく、一般の人にイタリア料理そのものを教えることになる。「日本人がイタリア料理を教える」ということに対して、じつは逡巡《しゅんじゅん》があった。

「イタリアで育ったわけでもない。三年半現地で学んだだけの自分が、これがイタリアの料理ですと教えるなんて何様のつもり？　と」

けれど教わる側からすれば、きっといろんなニーズがある。家庭でできる和風イタリアンを望む人もいれば、プロのレベルでリストランテ料理を覚えたい人も、マンマの家庭料理を求める人もいるだろう。自分は、和風ではなくもう少し現地に近い料理、というゾーンならできるんじゃないかと考えた。

「それ以上はすみません、現地に行ってくださいってことで（笑）。地元の小さなコミュニティの中で、そのレベルで知りたい人がいるなら、教えるということにいちばん近い人間が僕になってもいいんじゃないかと」

気持ちがクリアになったら、次は現実的な問題だ。

食材の買い出しが一度にできない、洗い物に時間がかかる、料理を運べない、荷物などの運搬が自力でできない。それらを可能にするには、協力者が必要だった。

最初は料理人の後輩に手伝ってもらったが、本業をもっている人はなかなか都合がつけにくい。そこで社会福祉協議会に行って相談。ここは車いすの貸し出しなどをする、体が不自由になった人の窓口的な機関である。

「そうやってウロウロ探して歩いていると、手伝ってあげようか？　っていう人は現れるもんです」

本当に、料理では諦めることがなかった。

じつは一度、インターネット上で料理講座も開設したのだが、受講者が友人二人だけという、本人曰く惨敗《ざんぱい》に終わったことがある。でも、何もしないよりずっとまし、と伊藤は言う。必死なのだ。彼にとって恥ずべきは、「挑戦しないこと」のほう。

「失敗したっていいんですよ、僕は笑いにできるから。みんな気をつけろよー！　って失敗の先頭に立てる。そんなことは何でもない。だって生きていくためなんだから。僕にとって生きることとは、自分で何かをして対価を得ること。自分で何かをして、喜びを得ること」

実家に住み、国からの補助金もあるから、仕事をしなくても「生活」はできるかもしれない。でもそれだけでは、たぶん彼は「生きる」ことができない。

仕事ってどうやってもらうんだろう？

二〇一一年、彼は「車いすシェフ 伊藤健」と名乗って活動を始めた。あえて「車いすシェフ」を冠した理由は二つある。

「一つは、町の事業で料理講座を開くことになったとき、〃伊藤健の料理講座を開きます。来てください〃と言っても、伊藤健って誰だよってなりますよね。そこで、何か形容詞があったほうがいいんじゃないかという意見で。もう一つは、障がいをもった人に、部屋の中から街に出てほしいから。僕としてはこっちのほうがコンセプト」

自分が障がいをもってみて、世の中にどれだけ障がい者がいるのかを知った。人目を気にして、家に閉じこもる人が多いということも。そういう人たちに来てほしかった。「車いすの伊藤健がやっているから参加してください、普通に」というスタンスで呼びかけたかったという。

「でもね。始めたはいいけど、仕事ってどうやってもらうんだろう？　って。そこからですよ」

まずは、伊藤健という人間を知ってもらわなければならないと考えた。自分がどう生きてきた人間か、何を考えていて、どういうことをしたいと思っているか。それをできるだけ多くの人に知ってもらうこと。

黙って家にいたところで誰も気づいてくれない。何も始まらないし、何も生まれない。そう気づいて、彼は動いた。役所関係への訪問、ブログ、ＳＮＳ。どんな小さなきっかけでも、糸口になりそうなことは積極的に試したという。

あるとき、テレビ局からオファーがきた。ニュース番組内の十五分枠、一週間のシリーズ。車いすシェフが「盲学校で料理を教える」「被災した家族に料理を作る」「パラリンピックの選手に、スタミナのつく料理を食べてもらう」などの企画だ。

「その年は東日本大震災があって、絆《きずな》って言葉が日本中のテーマになっているふしがありましたよね。絆かどうかは別にして、それで伊藤健を知ってもらえるならありがたいですよね」

相手が誰であろうと料理を「教える」「作る」ことに変わりはなく、自分が自分であることにも変わりない。伊藤はいつもどおりに仕事を引き受け、いつもどおりの全力でやり遂《と》げた。

このテレビ出演が、思いがけず大きな転機となる。障がい者のための各協会や福祉団体、各地の生涯学習センター、NPOなどに、広く存在を知られるようになったのだ。すると「講演」という新たな仕事がくるようになった。

「世の中にはいろんな活動があって、僕の体験とか、そういう話をする場が案外多いんだなと知りました」

世の中の動きってすごいな

伊藤の場合、三十三歳までは障がいのない人生だったから、発病以前と以後、彼の言葉で言えば「ビフォア・アフター」がある。つまり、その違いを知っている。たとえば入り口の段差で諦めなければならない場合があることや、仕事がこんなにも少ないこと、そして自分の体験談が人の役に立つことを、アフターになって初めて知った。

あの日を境に、世界の見え方は反転したのである。

「ビフォアはつくづく、狭い世界の中で生活していたんだなって」

スペイン料理店のシェフとして働いていたビフォアの人間関係は、店のスタッフと業者と友人のみ。だがアフターに知り合った人間は、それまで存在すら知らなかった人たちだった。福祉活動をする人、行政の人、教育関係の人、マスコミの人、ボランティアの主婦。それらは社会貢献というキーワードでつながる、社会を動かそうとしている人たち。

そして伊藤も町の取り組みに参加するなど、彼らとのつながりの中で、障がい者の視点から意見を発信するようになっていった。

「社会ではこんなこともやってる、こんな考えもある、こんなに町のことを考えてる人間がいる。世の中の動きってすごいなと。いろんな人が関係し合っている、その中にちょっと足を入れさせていただいているって感じかなぁ。何もしない一日を過ごすのなら、そういう人たちの集まりに行って自分の意見を一つ二つ言えたら、何もしないよりいいというだけです」

社会をよくしていくことが、最終的には自分自身の自立のためになるから、だそうだ。

もう一つ、アフターになってから時間の考え方も反転した。

入院当時、伊藤はよく早朝にベランダで朝日を見ていたそうだ。五時に目が覚めて、日が昇るのを感じながら缶コーヒーを飲み、マンガの『スラムダンク』を読む。そんなふうに過ごしている自分が信じられなくて、ハマったのだという。

「厨房では仕込みが忙しくて、誰かがコーヒーを淹《い》れてくれても飲まないうちに冷めてしまう。ごめん、もうコーヒー下げてとよく言ってました。ベランダで過ごすうち、なんなんだ、これまでの忙しいだらけの人生って！　とビフォアの人生に〝？〟を感じるようになったんです。ああ、生き方なんて自分で変えられるんだなと」

あらためて、一日二十四時間をどう使ってきたのか、振り返ってみた。半分以上は仕事、睡眠が五～六時間。残りで雑用をこなし、たまに時間ができると同僚と飲みに行く。自分だけの自由な時間というものは、ほとんどなかった。

ところが入院した途端、リハビリの三～四時間と食事、睡眠以外のすべてが自分の時間になった。もちろんビフォアは忙しさと引き換えにやりがいがあったし、アフターの夜明けの缶コーヒーだって欲しくて得た時間じゃない。

ただ、思ったのだ。

「二十四時間って増えることも減ることもないけど、自分で選べるんだなって。でもビフォアの自分は選べなかった。今は、あんな二十四時間はもったいないというか、もうしたくない」

診断は「てんかん」

車いすシェフとしての仕事は、次第に増えていった。各町の料理講座のほか、企業のレクリエーション、学校の課外授業。会館を借りての個人的な料理教室、さらに約二カ月に一回ペースでの講演。

「でも料理教室なら朝に出かけて、昼過ぎで終わり。夕方以降は自由。レシピを書いたり、買い出しリストを作ったり、講演の内容を考えたりというホームワークはありますが、でも時間に縛《しば》られることはないです」

そして何より、医師の許可が出て念願の運転免許も取得できた。仕事と自由を得て、曰く「やっと翼を得た小鳥に（笑）」なれたと思った。

二度目の発作が起こったのは、二〇一三年四月、最初の発症から五年目のことだった。車を運転中に痙攣を起こして気を失い、反対車線の側道で車が止まっていた。と、伊藤自身も後から知ったという。本人は意識を失っていて、レスキュー隊員が来てやっと目を覚ましたのだそうだ。

「僕の第一声は、何があったの？　でした。気を失ったことも憶えていないから、自分に何が起こったのかわからない」

対向車の運転手が異変に気づき、すぐさま通報してくれたのだった。不幸中の幸いで誰かを巻き込むことはなかったが、再びドクターストップがかかり二年間の運転禁止。診断は「てんかん」だった。

だが原因がわからない。脳波、ＭＲＩ、ＣＴスキャンなど、一通り検査をしても異常なし。医者が言うには「見本になるくらいのキレイな脳みそ」だそうで、でも、だからこそやっかいなのだという。

「僕は五年間、何も起こらなかったんですよ。なのになぜ？　って。またゼロに逆戻りです。あ、ゼロまでいかないかな、一〇〇あったのが一〇くらいまで（笑）。でもね、一度目よりもこっちのほうがきつい。やっと、やっと、自由を獲得できたと思ったのに」

ずっと切望してきたものが、手のひらに収まろうとした途端、こぼれ落ちた。

飛び越えても、飛び越えても

まさに事故の直前、彼は実家を出て自立しようと動き始めていたのだ。一人で暮らしていけるだけの収入を得られるようになり、自分で車を運転してどこへでも行ける。買い物もできる、レストランにも行ける。いよいよ親元を離れて、再スタートを切らなければと考えていた。

「実家にいると、はいご飯よ、お風呂よ、もう寝なさいという毎日。自由がない。一人になったら行動範囲も、考えることも広がるから」

すでにアパートも自力で見つけ、契約直前だったという。

この話になると、「でもこれびっくりですよ」と伊藤は少々熱を帯びた。

「車いすの人が自立して暮らせる物件が、全然ないんです。間取り図の段階でだいたい、廊下が狭くて通れないし水回りも駄目。それでも現場を見てみようと不動産屋に行くんだけど、不動産屋がすでに段差で上がれないんですよ。五軒行って三軒、店にも入れない。あとの二軒で探してもらって、見つかったのがたった一部屋です」

それは福祉団体が経営するアパートで、ホームヘルパーが常駐し、全世帯が障がい者。それでもプライバシーは確立されているから、と決めて契約書に印鑑を押すだけというタイミングだった。

そのすべてが白紙に戻った。

「飛び越えても、飛び越えても、ハードルが次々と現れるんですよね」

医師や看護師に「何で僕にはこんなハードルが出てくるんですかね」と訊くと、だいたい一〇〇パーセント「神様は乗り越えられる人にしかハードルを与えない」って答える、という伊藤調べの統計を教えてくれた。

それを言われるのはどんな気持ちだったのか、訊ねてみた。

「いやあ、あれは決まり文句ですよね。あ、また言ってるってだけです」

それ以上でも、以下でもない。その言葉で救われることもないが、傷つくこともない。

ただ、いつまでつづくのだろう、とふと思うのだそうだ。

そのとき、おまえはどうする？

かといって、今のこの自分を悲観的に考えることはない。そう伊藤はきっぱりと言った。むしろ自分を悲観している人に会うと、ちょっと待てよと言いたくなるのだと。

「自分だけが不幸づらするなと。世界には瀕死《ひんし》の人もいっぱいいる。それ見えてるの？と、ちょっと上から目線の感じで思います（笑）」

そんな考え方をするようになったのは、海外に出てからだと言う。

修業先はイタリア、スペインだったが、それ以外にもチェコ、スロバキア、ルーマニア、ブルガリア、トルコ、モロッコ、ポーランドと、彼はよく旅をした。フィレンツェでは、レストランに勤めながらモロッコ人、スラブ系、インド人、ウルグアイ人、イスラエル人と働いたことがある。

「インド人は牛肉が駄目、イスラム圏は豚が駄目っていうから、まかないは鶏肉ばっかりですよ」

なんて笑いながら、そこから彼らの宗教を知り、ものの考え方の違いを感じた。一歩家を出たら無事に帰れる保証のない社会情勢、政治の話も。きっかけはささいな、彼の言う「しょーもないこと」でいい。それでもいろんな国に行って、その国の事情も見て、いろんな人と触れ合ううちに、いつの間にか自分が変わっていた。

「世界を見るということは、自分の心が広くなる、考え方が広くなるということにつながるんだなと。だから今も、車いすなんてこの辺じゃ珍しいかもしれないけど、世界で見ればどれだけいるかって普通に思う」


日本のルールが通用しない「海外」という場所では、すべてが想定外だ。かわいいところでは、日曜にすべての店が閉まって途方に暮れたり、なぜか来るはずの電車が来なくて立ち往生したり。シリアスなところでは強盗もひったくりもある。

「当時から、僕のテーマはずっと、〝そのとき、おまえはどうする？〟でした。想定外の出来事に出くわしたそのとき、何か術《すべ》を知っていたら生きていくことができる。知らない人は諦める。たとえ知らなくても、求めることでなんとかなることもある。誰だって、まさか自分が車いすになるなんて思っていないじゃないですか。そのまさかが人生の中に起きたんですよ、僕。さあ、おまえはどうする？　の連続です」

二度目の発作で運転禁止になった後、一時は料理教室をやめるか、回数を減らすことも考えた。でも、やっぱりつづけたい。そっちの方向で手だてを探したら、カバーしてくれる人が現れた。主婦である彼女たちはアシスタントという肩書きだが、心の中では「仕事のパートナー」と思っているそうだ。

そのおかげで料理教室はなんとか再開できることになった。しかし「なんとか」のままではいつか無理がくる。ならばつづけるだけでなく、無理なくつづけていける生活や仕事のスタイルへ、変えていかなければならない。

彼は、自分の状況を山にたとえた。一度は山を登って、頂上（シェフ）からの景色を見たけれど、下山途中に滑落《かつらく》してしまった。でも今は別の山に登ろうとしている。「自立」という山だそうだ。

「結局、僕は自由になりたいんですよね」

自分で自分を養い、自分の力で生きていく。その山の頂上がどういう景色なのか、彼は見たいのだ。

Takeshi Ito

名城大学農学部卒業。一般企業に就職後、学生時代の飲食店アルバイトの楽しさを思い出し、二十三歳で愛知県小牧市のイタリア料理店へ転職。二十五歳で渡伊。ロンバルディア州『アイモ・エ・ナディア』をはじめ、トスカーナ州、ピエモンテ州等で修業。フィレンツェではシェフも務める。一方、チェコ、スロバキア、ルーマニア、ブルガリア、トルコなど旅も趣味。スペインではバルセロナで半年修業。スペイン中部~南部~モロッコへ二~三週間旅をし、ポーランドでは寿司店を手伝いながら二カ月間過ごす。二〇〇六年に帰国。日本橋のモダン・スパニッシュ『サンパウ』を経て、丸の内のバル『ムイ』シェフに就任。二〇〇七年、名古屋『ムイ』オープニングシェフに就任。翌年七月に倒れる。現在、「車いすシェフ」として料理教室講師、講演活動など幅広く活動。

第七章

もがいて、もがいて

下江潤一
『el Bau Decoration』（大阪府・豊中市）
一九七二年、兵庫県生まれ

料理人とフローリストが結婚したお店

大阪、豊中市の岡町という駅に『エル・バウ・デコラシオン』が開店して、十年目を迎えた二〇一三年十月。

車体が小豆《あずき》色、シートは抹茶色の阪急宝塚線で、下江潤一、恵子夫妻の店へ向かう。東京で暮らす私にとっては、梅田という大きな駅から約十五分、このおいしそうな色あいの電車に乗っていくのはまったく苦ではない。むしろわくわくするくらいだが、しかし大阪の人にとって岡町という場所は、名前を言っても思い浮かばないようないたって平凡な住宅街らしい。

夫妻がこの町で、誰も見たことのない店を始めたのは二〇〇四年八月のことだ。一八坪というけっして広くはない坪数ながら、ファサード（正面）が花屋とバール、奥がレストランという複合ショップである。といっても本人たちにしてみれば何か新しいことを仕掛けてやろうと狙ったのでなく、単純に、夫が料理人で妻がフローリストだったのだ。

二人は神戸のレストランで、修業中のコックと、ウエディングなどで出入りするお花のアトリエスタッフとして出会った。一緒に海外修業に出ることを決め、下江がイタリアとスペインで料理人として学んだ約四年間、彼女もまたイタリアの花屋へ就職して就労ビザ

Flowers&Restaurant el Bau

を取り、フローリストとしての腕を磨いたのだった。

そんな夫妻の店だから、「料理と花」というコンセプトは、二人にとって必然だった。

そこにバールが加わったのは、イタリアでもスペインでも、レストランの店先にはウェイティング代わりのバールがよくあったから。現地流にアペリティーヴォ（食前酒）を飲みながら待ち合わせをしたり、普通のバールのようにエスプレッソ一杯飲みに立ち寄ってくれてもいい。店が町の人の暮らしに馴染《なじ》む、その在り方が素敵だと感じた。自分たちが現地で心動かしたことを、日本に伝え表現してみたかったのだ。

しかし時を経た今、当時の話をもち出すと下江はとても苦い表情で笑う。

「なんか、小さい頃の写真を人に見られているような恥ずかしさがあるんです。あの頃は何もわかっていなかったし、軽かったなぁって。今、僕変わったんですよ」

もちろん料理＋花の店という骨組みはそのままだが、この十年の間にバールはやめた。リストランテの料理もサービスも価格も変えた。何より、精神的な「根っこ」がまるで違っていると言う。その道のりを、申しわけないが本人が語るところの恥ずかしい時代から、順を追って訊かせてもらうことにした。

上へ、上へ

　イタリアでの下江は、エミリア＝ロマーニャ州ボローニャにあるクチーナ・ヌオーヴァ（創作料理）の店『イル・ソーレ』で三年、ピエモンテ州チェルヴェーレのクチーナ・トラディショナーレ（伝統料理）『アンティカ・コロナ・レアレ・ダ・レンツォ』で半年働いている。

　その後二〇〇二年、当時世界に大ブームを巻き起こしていたスペインに渡り、バルセロナ郊外の三つ星『エル・ラコ・デ・カンファベス』へ。ここでの一クール（スペインでは六カ月単位が多い）の契約が終了した時点で、海外修業に区切りをつけた。

　きっかけは、自分より年下の上司、フランス人の前菜部門シェフが放った一言だった。

「厨房に三〇人くらいいるレストランでした。無給のコックも多い中、僕は早い段階で前菜部門シェフの次にいい給料をもらえることになったんです。やっぱりうれしいですよね？　それで喜んでいたら、前菜のシェフがこう言うんですよ。〝そんなことで喜んでどうするの？　人の上に立って、もっといい給料もらわなきゃ〟って。そこでカチッと目が覚めました。ああ、これはもうきりがないなと」

　道は二つだと思った。シェフの言うとおりさらに上を目指して進むか、日本へ帰るか。

このとき、三十歳。

もしもヨーロッパでの生活をつづけるならば、おそらく下江はその「きりのない」サイクルに身を投じ、上り詰める道を選んだだろう。なぜなら彼は、いつでも「今より上」を強く自分に課して修業してきた人だったからだ。

もともと日本ではフレンチを学び、本当はフランスへ行くはずだった。

だが一九九〇年後半のフランスは、就労はもちろん就学ビザの取得もきわめて難しい時期[※1]になっていた。一昔前なら観光ビザでも働ける（見つからないという意味で）時代もあったと訊くが、もちろん不法就労。その摘発も年々厳しさを増していた。

だが下江は、居ても立ってもいられなかった。「同じヨーロッパに行けば、何か手だてが見つかるかもしれない」と、細いつてのあったイタリアへまず行き、次にフランスへ行こうと考えたのだった。

いわば通過点にすぎなかったイタリア。なのにその一軒目の店で、彼は三年間も働いている。当時、数週間から三カ月という単位で店を転々とする日本人コックが多かった中、一店で三年はただでさえ長い。

なぜ、イタリアに留まったのか。当時、下江に素朴な疑問をぶつけると、「シェフの仕事が好きだったからです」とこれまた素朴な答えが返ってきた。

そのリストランテ『イル・ソーレ』のシェフは同じ誕生日で、年も近い。その発想に才能を感じ、刺激を受けて、一緒に高みへと上っていく感覚が面白くなったのだ。それは料理の国籍を越えるほどに。

フレンチ育ちの彼にとって初めてのイタリア料理。当然、調理器具や食材をはじめ厨房用語はイタリア語で勝手も違うが、とにかく「名前を呼ばれたときには、シェフの欲しているものを必ず握っている」というところから始めたという。認めてもらうきっかけを自力で作り、右腕と呼ばせるまでになり、チームの戦力となってミシュランの星も獲った。

この間、日本人が苦手な給料の交渉もきちんとして、実績に見合った額と住居も得ている。そうして料理人としての技術も、待遇も、常に上へ、上へと目指してやってきた。

けれど大前提として、下江は日本を出るときから、海外を永住の場でなく「履歴書の中の一つの項目」と捉えていた。あくまでも日本で生活していくための糧《かて》となる経験。だとすれば、どこかで区切らなければならないときがくる。

そして海外四年目の、あの言葉。

「まだ勉強不足だし、やるべきこともあるだろうけど、もう区切ろうと」

選択肢の二つ目＝日本への帰国を選んだのだった。

「ケータリング」からのスタート

二〇〇三年春に下江が、夏に恵子が帰国。

海外修業で唯一足りなかったのは、シェフとして人の上に立つ経験だった。だから日本では誰かの下で働くのでなく、雇われシェフでその実績をつくろうと職を探した。だが地元兵庫と大阪で話はあったものの、最終的にオーナーと考えが合わず、彼らは独立を決めた。海外から帰ったばかりで貯金もなかったが、ともかく動きたかった。

「それにしても、僕らは何もわかっていなかった」

店を一軒構えるのに、どれくらいの金額が必要か。お金を借りるにもお金（頭金）が要るということを、このとき初めて知るような状態だったという。

そこで下江夫妻が始めたのは、「ケータリング」だ。

イタリアでは、リストランテが一般家庭のホームパーティや結婚式などのイベント時に料理を届けるケータリングが広く活用されている。パーティ用のフィンガーフードから、料理人が家庭のキッチンでフルコースを仕上げる出張リストランテまで、形態もさまざまだ。

日本のリストランテでもそれができたら楽しいのにな、というアイデアをもっていた彼らにとっては、ケータリングのほうが店より少し先に実現したという感覚だった。

今でこそ出張料理人やフードトラックなど料理人の仕事にはさまざまな表現方法がある[※2]が、この時代の日本ではまだ、固定された「店」が料理人の考えるすべてだった。

ケータリングのアイデアを訊いたとき、私は、なるほどこういうやり方があったのか！と膝を打ったものだ。

無店舗ならば、初期投資は車と食器程度ですむ。料理はお客の要望を採り入れてのオーダーメイドだから手間もかかるが、来《きた》るべき開店を見据えてニーズを掴み、反応を確認できるという意味ではウォーミングアップになる。

これまで学んできたことをどう生かしていくか、海外にいた間に日本の飲食事情はどう変わっているか、自分の料理をお客は受け止めてくれるのか。大きな借金をして実店舗を構える前に、シミュレーションができるのである。

ただし重要にして根本的な問題は、ケータリングのニーズがあるかどうかだ。

イタリアと違って、日本には週末ホームパーティの習慣がない。他人を家に上げる、ましてや台所を見せるなんて嫌がる人もいるだろう。日本の平均的な住宅事情では、シェフを呼べるような設備のキッチンも、パーティができる広いリビングもない……と尻込みする人は多いのではないか。

という私の杞憂《きゆう》をよそに、下江夫妻は「芦屋《あしや》を中心に、ニーズはある」と予想し、それは的中した。

土地勘もない場所で

彼らは屋号を『エル・バウ・デコラシオン』として、主に芦屋付近、阪神地区、大阪市内、北摂地区で活動。料理とワインの提供だけでなく、フラワーアレンジやテーブルコーディネイトまでひっくるめたパーティ全体の演出を引き受けられることは、大きな強みになった。

「じつはそれほど考えていたわけではなくて、やっぱり料理を一刻でも早く作りたかったんですよ。平日にアルバイトをしながらでも、何かしらアクションを起こしたかった。結果的に、その経験があったからお店をもてたとは思います。何よりお客さんがついてくれて、応援してくれる人が増えていきました」

ケータリングは、頼む側に一歩踏み出す勇気の要るシステムだけに、誰かの「頼んでみたら、よかったよ」というクチコミが勝負。彼らの評判は意外に早く広まり、週末は一カ月先まで予約が入る状況になった。当初六組で始めた食器やシルバーのセットも、一〇組、二〇組と増え、グラスも次第に揃っていく。

「二人で念願のお店をオープンしました」という葉書が届いたのは、翌年の夏、ケータリング開始から一年後のことだ。

資金は親族を含む誰からの援助もなしに、自分たちで頭金をつくり、国民生活金融公庫（現・日本政策金融公庫）から借りた。

ゆえに大阪の中心地は家賃が高くて手が出せない↓郊外すぎると駐車場が必要になる↓お客が電車で来られ、かつ比較的静かな沿線で、駅近の物件を……という条件でたまたま浮かび上がったのが現在の物件。

それが岡町になった真相で、夫妻にとっては土地勘もない場所だった。

二〇〇四年九月、私は開店一カ月ちょっとの『エル・バウ・デコラシオン』を訪ねている。当時の取材ノートより（抜粋）。

＊

本当に岡町駅から一分もかからない。大きなガラス越しにスモーキーな秋の花とワインのディスプレイ、横にはバール。一人ワインを飲んでいるおばあちゃんは早くも常連だそうで、昼はエスプレッソを、夜はワインをふらっと愉《たの》しみに来るとか。

バールは三人立てるか立てないかのミニマムサイズだけれど、バンコ（カウンター）の高さはイタリアサイズの一二〇センチにこだわった。日本の施工業者には「高すぎる」と反対されたのを押し切ったのだとか。でも、イタリアを知る人たちは口々に、「この高さじゃないと！」と盛り上がる。

客席は、スペインで一般的な片側ベンチシート＋一〇〇センチ四方のゆったりとした四人掛けテーブル席。

店の正面に立つと、奥のキッチンまで見通せる設計、照明の加減、スペインで生地を買い自分たちで手縫いしたテーブルクロスなど、至る所に彼らのこだわりが散りばめられているが、しかし二人はまだまだ食器やシルバーまで手が届かなかったと物足りない様子だった。

最初にくるのは絶対、不思議

イタリアやスペインで感じた現地の匂いを、思い切り投入した箱。そこには、「本当は違うけど日本人の感覚に合わせて作りました」という言いわけがない。低予算で収めた食器やシルバーだって、イタリアでは次の一年、次の一年と育てていけばいいと考える。それも向こう式。

しかし何より、驚いたのは料理だった。

たとえばこの日のアミューズ（つきだし）。少しだけ辛味のあるトマトスープ表面に鶏胸肉のタタキが薄く浮かび、皿の底にはパイナップルのピュレを包んだラビオリが沈んでいる。一瞬、え？　と意表を衝《つ》かれるが、トマトの酸味と、パイナップルのフルーティな酸味が噛むごとに混ざり合い、調和する仕掛けである。ひと口運ぶごとに、「へー！」とか「わぁっ」とか思わず声が出る。

「僕は不思議だけど面白くて、食べておいしかったという料理をやりたい。最初にくるのは絶対、不思議です」

これは当時の下江の言葉である。二〇〇四年の日本で、こういう発想をする料理人はイタリアでも先鋭的なクチーナ・ヌオーヴァを学んだ者か、またはごくごく一握りのスペイン帰りだった。

スペイン現地ではすでに修業中のコックが激増していたというものの、日本ではまだ彼らの帰国ラッシュ以前、というタイミングだったからだ。

ちなみに、モダン・スパニッシュをはじめとするスペイン料理の最前線を伝える『スペインが止まらない』（柴田書店）が日本で刊行されたのは二〇〇三年。イタリアやフランスでなく、スペインという数年前までノーマークだった国で、料理の世界を変える何かが起こっている。見たい、知りたいと学んでいる日本人が増えていることは、日本に住んでいても伝わってきていた。

そして当時私の目の前には、その空気を吸った皿があった。取材者として新しい料理の喜びに心躍《おど》らせたし、来るべき時代を予感した。

だが、二〇一三年現在の下江にとってはこれこそが「小さい頃の写真」なのだった。

「これで行く」が自分にはあるか？

誰もが見たことのない料理だけに、オープン当初はお客から「ここは何料理やの？　イタリアン？　フレンチ？」とよく訊ねられた。そのたびに「お客さまが決めてください」と答えることにして、イタリア語の「リストランテ」ではなく、日本に馴染みのある「レストラン」を名乗っていた。

けれど、自分は何かが弱い。そんな気持ちがずっと引っ掛かっていたという。

日本はヨーロッパと違い、イタリア国旗を掲げた店の隣にフランス国旗の店が並ぶ国。もっといえば、タイもベトナムも韓国も、あらゆる料理世界が乱立している。その中で勝負するには、何か、何かが足りない気がした。

それはたんにカテゴリーを決めないことがお客に対してわかりにくいというよりも、自分の内面へと向かう問題。つまり、アイデンティティだろうと思う。

「自分はこれで行く」という明確な意思表示が必要なのではないか。その前に、そもそも「これで行く」が自分にはあるのか？

それが開店三年目。

「たとえば自分の名前『Junichi Shimoe』で貫ける人なら、どこの国の料理でもない、はアリだと思う。でも自分はこっちじゃないなと」

なぜですか？　と質問すると、「うーん」と少し長い沈黙を挟《はさ》み、彼は「不器用だから」と答えた。

曰く、貫くにも根っこが要る。それをもった料理人ならいいが、自分はフランス、イタリア、スペイン料理の変遷《へんせん》を、今思えば流行りで追いかけてきたなと感じるのだそうだ。

「僕はフランス料理から入って、フランスに行きたかったのにイタリアに行って、そこで出会いがあってイタリア料理が好きになって。最終的にスペインがブームのときに、履歴の一つとしてスペインへ渡って」

そういう過去の自分を、彼はミーハーだと表現した。明確な意志をもっていたわけではない、ということがコンプレックスになっているようにも思えた。

だが単純に、料理人とは、そこに面白い料理があれば見に行きたくなる人たちなのではないだろうか？　しかも下江は、始まりは何であれそれぞれの場所で、一定の結果を出してきた。自分に厳しすぎるのではないかと訊ねてみても、表情は硬いまま、ほころばなかった。

「うーん。結局、根本的に何を目指していくか、なんですよね。自分がいったい何をしたいのか？　がまず大事。それを考えたときに、僕はこのままじゃいけないと思いました」

狭めて狭めて

自分は何をしたいのか。それを突きつけられた瞬間があったのだという。

オープン二年半くらいの頃。神戸のフランス料理店『御影《みかげ》ジュエンヌ』へ夫婦で出かけ、大川尚宏シェフの料理を食べたときのことだ。

「いきなり釘が刺さりました。おいしいのはあたりまえで、それ以上に、何かが響いた料理です。今の自分は何をしているんだろう？　って。刺さったのは……うーん、たぶん生き様。素材や技術や味以前の話です。料理には人としての厚みが出ると、後に大川シェフに教わりましたが、そういうのが伝わったんだと思います」

これまで食べてきた料理人の料理に厚みがなかったというわけでなく、自分にそれが伝わらなかったのだ、と彼はつけ加えた。

下江より一まわり年上の大川シェフは、フランス料理を日本で学んだが、現地で修業した経験がない。海外修業の履歴があたりまえになったこの時代、だからこそ「もがいて、もがいて」究《きわ》めつづける味には凄みが宿るという。

夫妻はそれから神戸へ定期的に通っては、大川シェフの料理を食べた。彼らにとって、それは「勉強」。大川夫妻と一緒に食事にも出かけ、次第に師弟のような関係が築かれていく。

『エル・バウ・デコラシオン』のショップカードから「レストラン」の文字が消え、「リストランテ」と書き直されたのは、この出会いから一年ほど後のことだ。下江は自身の根っこを、イタリアにおろすと腹を括ったのである。

「最後に修業したのがスペインだったので、開店当時は周りが〝スペイン帰り〟と盛り上げてくれました。けど僕はいつも言うんですけど、スペイン料理を修業したというより、六カ月間『カンファベス』にいただけ。スペインでやっていこうと考えていたわけじゃなく、その六カ月間夢中で働いただけ」

自分の足跡を振り返ったとき、料理人として「上へ、上へ」と伸びていった国はイタリアだった。焦点を絞れば絞るほど、そこにはイタリア料理しか見えなかった。

「五年後、十年後、二十年後を考えたときに、そうして狭めて狭めて、定めていかないといけないかなと思いました。変わったでしょう？　十年前はやっぱり軽かったんですよ、僕」

過去の自分に対して、やはり下江は容赦のない言葉をぶつける。と同時に、もがいて得た答えには、迷いのない明るさを感じさせた。

念のため言えば、『エル・バウ・デコラシオン』は黒字経営である。飲食店の開業支援サイト「飲食店.COM」などを運営する（株）シンクロ・フードによれば、廃業する飲食店の割合は、一年未満が約三割、三年未満で約半数、五年では約七割、十年になると九割近くに上るという。[※3] この飲食戦国時代、十年つづけられる店はたったの一割ということだ。だが十年はゴールじゃない。これから先もつづけていきたいならば「上へ、上へ」と目指さなければ生き残れない。そういう危機感を抱えながら、料理人は生きている。

お店は、私たちの子ども

　この十年で何度か、下江は大阪市内への移転や、東京都内に出ることも考えたという。家賃の条件だけで岡町という場所に決めたことへの後悔が、ずっとあったのだ。

「うちはお花屋もあるので、この場所でいいのかなって。誰もわざわざ離れた町にお花を買いには行きませんから、少しでも人の流れがいいところでと。五年目、七年目、十年目はとくに、移転やリニューアル、これからどうすべきか？　などを考えるタイミング。みなさんそうだと思います」

　けれど結局、彼らは五年目、七年目の時点では、移転を保留にした。それもまた、大川シェフとマダムとの出会いで起こった変化だった。

「お店は私たちの子どもだと気づいたんです」と答えたのは、妻の恵子だ。

「それまでは、何かあるごとにお店のせいにしていたんですよ。場所がどうだとか、入り口がわかりづらいからだとか、喧嘩《けんか》の種はいつもお店で。でもマダムに〝お店はあなたたちの子どもよ〟と言われて、ホントだわ……と恥ずかしい思いを。子どものことで喧嘩する親ですよね。何で私たちは、自分の子どものことをそんなふうに言っていたんだろうと。ちゃんと手をかけてから言うならまだいいけど、手をかけずに言っちゃっていて、これはひどいことをしたなあと」

移転は、今のこの店を十分に可愛がってからの話だね。そう夫婦で思い直し、あらためて店と向き合った。

「花屋、バール、リストランテのサービスを、私一人で全部しようとすると中途半端になる」とバールをやめた。エントランスはお花とワインが同居する森のような空間に変えた。スペイン製の布で作ったお洒落なテーブルクロスも、「リストランテはやっぱり白」と上質なものに。カトラリーにはシルバーのメッキをかけ、作家ものの器を揃えた。

「白いクロスを引けばリストランテだと言いたいわけじゃなくて、僕らのおもてなしとしての表現を考えたんです。設《しつら》えがカジュアルなままでコースの価格だけ上げていこうというのはお客さまに失礼だから、できる範囲でシルバーをかけたり、好きな皿に好きなお料理を盛って」

平日のコース六五〇〇円の店

ちょうど「イタリアで行く」と腹を括った頃である。

下江はこれを機にアラカルトをやめてコースのみに絞り、そして、なんとコースの価格を上げた。二〇〇八年のリーマンショック以降、世の中の飲食店がいっせいに気軽さや日常化に向かい、小皿料理やアラカルト中心、低価格に走っていた時代に、彼らは逆行したのである。

大阪郊外のベッドタウンで、コース一本、六五〇〇円。無謀《むぼう》だと、同業者のみんなに止められたというのもわからないではない。けれど、それをたんに強気と括るのでは違ってしまう気がした。彼の頭の中は、もっとクールだ。

「自分の中では、ちゃんと考えてるんですよ。たとえばクリスマスの特別コースは今、一万五〇〇〇円でもあたりまえだけど、うちはそこまでできるお店ではまだない。でも一万円はいただけるお店だと思ってます。平日のコースでいえば一万円のお店ではないけど五〇〇〇円でもない。六五〇〇円で正解です」

こんなにがんばっているんだから、これだけ材料費もかけているんだからという自分軸でなく、「よその店がこうだから」という他人軸でもないところで、世の中と自分の力量と価格のバランスを推し測った結果ということ。

さまざまな料理人や経営者の取材を通して、よく訊く一つに「やれるもんなら僕だってやりたいよ」という台詞がある。値下げをせずにすむなら下げたくなんかない。コース一本でやっていけるなら、そうしたいと言う料理人は多い。

しかし下江は、この言葉がもっとも嫌いなのだった。誰だってその先の未来がわかるわけじゃない。それはみんな平等なのだ。

下江にとって価格は、店の質を高みへ引き上げるための設定値である。

平日のコース六五〇〇円の店とはどういう店か。料理も空間もサービスも想定して、そこへ現実を引き上げる。「お客さんが、自分の支払った金額を忘れてしまうほど楽しかった店」にできたとき、それは達成。設定して追いかけ、追いついたらまた設定。自分を成長させていくために、自分に負荷をかけている。

次の設定値へ

「昨夜、僕のお料理をどう思われましたか？　おいしい、おいしくないは置いておいて」

取材の前日にいただいたディナーの感想を、彼は率直に訊ねた。

私は、「変わったなと思った」と答えた。まず、メニューを開いてメイン料理が炭火焼になっていたことに驚いた。私のイメージだが、下江の料理は伝統より創造、単純より複雑。それがとてもシンプルな印象になっていた。

でも彼らしくないかといえばそうじゃない。

たとえば「アシアカエビと小松菜のソース」。淡路島由良《ゆら》産のそれを活け〆にして、フライパンで霜降《しもふ》り程度に焼いただけだという。しかし繊細な火入れによって、弾力とやわらかさが拮抗《きっこう》し、ねっとりと濃厚な甘味が際立った。

「アマダイと蕪《かぶら》のソース」は旨味の凝縮したアマダイに、ソースは脅威《きょうい》のなめらかさ。これは裏ごししただけじゃないな、と訊ねてみると、「厚みです」と煙に巻かれた。

「いや、本当にいらないことせず、シンプルですよ。普通に蕪を鶏のだしで炊いたソース。アマダイは五日〜一週間弱熟成させてから三枚におろして、ポワレに。添えた天然なめこ茸はソテーに。ぶくぶくの泡は、蕪の葉を鶏のだしでソースにしたのを、泡立ててるだけです」

　セコンドの「牛フィレの炭火焼」は、赤身肉の旨さを味わうための皿。テーブルに載る三十日前を目安に「土佐あかうし」の塊《かたまり》を真空状態のまま約一℃の冷蔵庫で寝かせ、二十日目からは水分を拭き取り乾かしながら十日ほど熟成させる。乾いた外側は削り落とし、旨味がぐっと凝縮されてやわらかくなった芯の部分だけを炭火で焼きあげる贅沢な皿。

　ここ数年、日本では専門の熟成師による「熟成肉」が注目を集めたが、キッチンで「肉を寝かせ、おいしいところまでもっていく」このやり方は、イタリアで覚えたものだ。

「お肉が締まるくらいまで、若々しくない感じまで。その加減を自分で測りたいから」

食感の変化や香りが計算され、旨味や酸味といった味の要素が緻密《ちみつ》に重ねられている皿。調理法はたしかにシンプルだが、火入れ、熟成など「何をどこまでするか」という精密な仕事に、下江の個性が表れている気がした。

十年目。二人は十分に店を可愛がり、『エル・バウ・デコラシオン』は価格に追いついた。移転も含め、そろそろ次の設定値が必要な時期がきたと感じている。

「もっとおもてなしのできる、居心地のいいお店をつくりたいんです。場所は未定ですが、場所よりも、空間づくりが大事だと思っています。お客さんが入った瞬間から、安心して食べていただけるお店」

新たな設定値は、平日でコース一万円。そして「二人でできる動線」を考えるのだという。隣合わせでお花を作って料理を作って、ということが阿吽《あうん》の呼吸でできる店。たとえ人を雇い入れるとしても頼らない、いざとなったら夫婦だけでもできる店。テーブル数も席数も、もしかしたら営業日も少なくなるかもしれない。

それらは「無理なくつづけていくため」に夫妻が考える形。これまで十年店をつづけてきたけれど、今、やっとスタート地点に立てた気がしているという。

「食べたときに、ああこの人はお料理のことを考えて考えて、もがきながら作っているんだなと。軽い料理じゃないと伝わるような。パシッと人の心に伝えるのは難しいけど、そのために日々もがいてます。お料理だけじゃなくて、生き方も。でも僕のもがきなんてまだまだで、すごい人ほどもがいてますから」

もがいて、もがいて。

下江の発するその言葉は、「苦しい」という悲鳴ではなく、「高みを目指す」という決意表明である。

※1　就労はもちろん就学ビザの取得もきわめて難しい時期
移民問題や自国民の雇用問題を抱えるフランスでは、外国人の就労、ましてや不法就労は年々大きな問題となっていた。また政権交代とそれによる移民法改定などで、ビザや滞在許可証の取得状況も影響を受けるといわれている。

※2　料理人の仕事にはさまざまな表現方法がある
現在では、一軒の店を時間でシェアする（夜営業の店の昼間の時間帯を借りる、定休日を借りる）、空間をシェアする（本屋＋コーヒー屋、ベーカリー＋レストランなど）、出張料理人（イベント、自宅）、イベントごとに集結するユニット（料理人＋バーテンダー）、屋台（日本式の人力タイプとフードトラック）など、固定店舗にかぎらない新しい在り方＝働き方が生まれている。

※3　十年になると九割近くに上るという（株）シンクロ・フード調べによる、営業年数別の閉店割合から算出。調査対象六四九四件に対し、一年未満二二四三件（三四・五パーセント）、一〜二年九八七件（一五・二パーセント）、三〜五年一三六四件（二一・〇パーセント）、六〜十年一一一三件（一七・一パーセント）、十一〜十五年三八〇件（五・九パーセント）、十六年以上四〇七件（六・三パーセント）。つまり十年では八七・八パーセント。二〇〇八〜二〇一三年に「居抜き情報.COM」に寄せられた問い合わせの中から、店舗の営業年数別に割合を取得。

Junichi Shimoe

「父も叔父も料理人で、蛙の子は蛙と言われるのが嫌」と高校卒業後、旅行代理店に就職。しかし二十一歳のときに料理を志し、神戸のフランス料理店で修業開始。一九九五年、阪神淡路大震災により店が倒壊、東京・白金のフランス料理店『OZAWA』で働くが、神戸の店の再開により帰郷。一九九九年、イタリア、エミリア＝ロマーニャ州『イル・ソーレ』（当時一つ星）で三年修業。シェフに右腕と言ってもらえるまでになり、ピエモンテ州『アンティカ・コロナ・レアレ・ダ・レンツォ』へ移店。二〇〇二年、スペイン・バルセロナ近郊『エル・ラコ・デ・カンファベス』（当時三つ星）で半年間働く。翌年春に潤一、夏に恵子が帰国。芦屋を中心にケータリング（出張料理人）をしながら開店準備。二〇〇四年八月、大阪・豊中市に『エル・バウ・デコラシオン』を開店。

第八章

年輪の味

宮根正人
『Ostü』(東京都・渋谷区)
一九七四年、埼玉県生まれ

「ちゃんと」と「がんばらなくちゃ」

私が食の世界で仕事を始めてから、彼はもっとも多く取材させてもらったシェフの一人である。『ｄａｎｃｙｕ』（特集・まるごとイタリアン「本場の地方料理」／二〇〇八年）、『料理通信』（特集・シェフ一〇〇人／二〇一二年）をはじめ、その多くは料理人の考え方や仕事を探る特集内容だった。

雑誌はいつも、時代を映す特集テーマを掲げ、読者の内面に潜む欲求を満たそう、まだ見ぬ未来を見せようと必死だ。取材対象者として話を訊きたいと望まれるのは、宮根正人が「今」「日本に」「必要な」イタリア料理人だということでもある。それは店の人気ランキングや行列といったものとは、また別の指標だ。

「僕は、いつも人がいっぱいに入ってる店より、いつでも入れる店にしたい。だって一カ月先の予約って言われても、今日食べたいものは今日じゃなきゃわからないじゃないですか。今日『オストゥ』で肉食べたいなと思ったら席がある、そんな店が理想です。なんて言うと、強がってるみたいだけど（笑）」

そんなはずはない、いつもいっぱいじゃないですかと異議申し立てをすると、宮根は「日や時間帯によるんです。案外、当日予約でも大丈夫なんですよ」とあくまでものんびりの側を主張するのだった。

代々木公園の隣にある『オストゥ』は、一六席のリストランテである。公園の緑や土の匂いのせいか、真ん前の桜の木のせいか、この店には東京なのに東京らしからぬエアポケット感がある。

ある日取材のため仕込み時間に訪れると、牛のブロード（だし）を炊く匂いが漂っていた。厨房ではタヤリンというパスタの生地を、切ってほぐして乾かして。まるでピエモンテの光景だ。

白いエプロンをきゅっと締めた宮根が、ここやっちゃいたいからちょっとだけ待っててくださいね、と申しわけなさそうに言って手作りのジャンドゥイオッティ（ヘーゼルナッツを使ったチョコレート）をおやつにくれたりする。

伝統的な金色の包み紙できちんと折られた三角形に、たとえるなら、角までぴしっとアイロンのかかったハンカチのような生真面目さが伝わってくる。妻が折っているそうだが、夫婦ともども北イタリア、ピエモンテ人の気質だなぁと、包みを開けるたびに思う。

彼は六年にわたるイタリア修業で、最初の一年を除くすべてをピエモンテ州で過ごしている。この地での修業先は、バローロ村の一つ星、『ロカンダ・ネル・ボルゴ・アンティーコ』[※1]一軒のみ。

一つの土地、一軒の店に特化するという、他の人とは違う修業をしようと思ったのか。そう訊ねると、彼は「藁《わら》をも摑む思いだっただけです」と答えた。この土地で四季を見たいとは思ったが、五回も見るつもりじゃなかったし、それが強みになるとは当時想像もしていなかった。ただ、藁を摑んだだけ。

その真実を紐《ひも》解いていくヒントは、彼が無意識に何度も口にする、二つの言葉に隠されている気がした。

「ちゃんと」と「がんばらなくちゃ」。

宮根の声はとても穏やかなのだが、それらの言葉はときどき、たんに性格というより切実な、祈りのような響きをもって聞こえるのだ。

暗闇の時代

「僕はなんでも人より遅いんですよ」

彼が自分のことをそう認識するようになったのは、料理の道に入ってからだという。高校時代までは手先が器用で、何かをつくることに関してはむしろ人よりできるほうだと思っていた。

しかし調理師専門学校を出て十九歳でイタリア料理店に入った途端、曰く「崖から突き落とされた」。

先輩たちはほぼ全員イタリア帰りで、要求されるレベルに追いつけない。という以前に、動けない。「至らない」「情けない」「はがゆい」。宮根はそんな単語ばかりを口にした。がんばろうとしても空回りばかりで、うまくいかない、どうにもならない。そういう毎日が、日本での修業先四軒にわたって、六年も続いた。

この期間を、宮根は「暗闇の時代」と呼ぶ。

だが直後に、そんなことを言うと先輩たちに申しわけない、誤解されたくないけど、というひとことも忘れなかった。弱い自分を厳しく鍛えてくれたからこそ今がある。料理人としての土台をつくってくれた期間だと心から感謝している。だけど正直、二度と戻りたくない時代、だそうだ。

最初の修業先から一緒だった、同い年のコック二人と比較されるのもボディブローのように堪《こた》えていた。彼らはどんどん仕事を覚え先へ進んでいく、自分はいつも尻を叩かれて追いかける。その背中を、どんな気持ちで見ていたのだろうか。

「僕もがんばらなくちゃ、僕も、って思っていました」

そこで「僕なんか」ではなく、「僕も」である。じつは隠れ負けず嫌いなのだろうか。いや、彼らはお互いがいたからがんばれたのかもしれない。現在三人ともオーナーシェフ。それぞれが誰の真似でもない自分の道を歩き、一人は沖縄で昼夜各一組ずつ完全予約制の一軒家レストラン『RE（アールイー）』を構え、もう一人は中目黒に『ICARO miyamoto（イカロ ミヤモト）』を開店させ一つ星を獲っている。ちなみに、彼らは今なお兄弟のように仲がいい。

イタリア修業の引き金を引いてくれたのも、その二人だった。先に一人がイタリアに行き、つづいてもう一人。ひと呼吸遅れて二〇〇一年、宮根も二十六歳でイタリアへ飛んだ。初めての海外だった。

「心の中ではずっと考えていたけど、彼らがポンと行っちゃって。ああ本当に行けるんだ、行っていいんだ。だったら僕も行きたいと」

だが最初の修業先、ロンバルディア州の一つ星リストランテでも、彼の暗闇はつづくことになる。

イタリア語も話せないまま来てしまったから、イタリア人シェフと意志が通じない。褒めるときは褒めちぎるけれど、怒るときは汚い言葉を使って怒鳴る。カッとなったときのお決まりのスラングだと知ってはいても、人として、深く傷ついた。本人曰く、溜め込んでしまう性分なのだという。

その店には日本人が五人もいて、せっかく清水《きよみず》の舞台からイタリアへ飛び降りたのに、そこは日本人社会。自分は何を求めてきたのか、これからどこへ向かえばいいのか。暗闇の中、しかし宮根は「ちゃんと」一年の契約を終えている。

きっちりすればいいわけじゃない

二〇〇二年四月、初めての取材。

彼は二軒目の修業先であるバローロ村の『ロカンダ・ネル・ボルゴ・アンティーコ』に移ってまだ二カ月だったが、当時すでに「一年、できればそれ以上ここにいたい」と話している。

「かなり今、面白いです。いやもうホント来てよかった」

イタリアへ行くと決めたときから、宮根のテーマは郷土料理とワイン。バローロはイタリアを代表するワイン産地であり、ブドウ畑の波打つような美しい丘陵地帯は、自転車で走るだけでも楽しかった。

店のカメリエーレ（サービス）は休日のたびに遊びに連れ出してくれたし、一緒にカンティーナ（ワイナリー）を巡って勉強もした。シェフのマッシモはしょっちゅう自宅に招いてくれて、食事のこと、生活のことも気遣ってくれる。

そして何よりうれしかったのは、シェフが自分の腕を買ってくれたことだ。

「シェフと出会って、やっと何かものを掴めそうな気がしたんです。できるんじゃないか、期待に応えたい、結果を出したい。がんばらなくちゃと意気込んでいました」

彼にとってバローロは、暗闇に差し込んだ朝の光だったのか。宮根の話を訊きながら、私はテレビで観た漁師の言葉を思い出していた。

海では、夜明け前がいちばん暗いのだそうだ。

労働許可証も取得して、厨房では人の上に立つ立場になり、バローロで二年が経った冬のこと。

宮根は突然バールで意識を失い、救急車で運ばれた。二日間入院するがどこにも異常は見つからず、医者曰く「ストレス」。

思い当たるふしがあった。新しく下に入った日本人コックが、シェフのやり方を勝手に変えてしまうこと。上司としてそれを正しても、相手にしてみれば「日本人に言われたくない」ということになる。上に立つ者としての、その葛藤。さらに店の移転リニューアルが重なって気負ってもいた。「今思えば勝手な責任感」だと言うが、当時の宮根はそういうものを溜め込みすぎて、爆発してしまったのだ。

ともかくこれまで倒れたことなんて一度もなかったから、何か重大なことなのか？　と不安にもなった。一瞬、「日本に帰ろうかな」とこぼした宮根に、マッシモは「ものごとをきっちり考えすぎだ」と言った。

「もっと楽しく、リラックスしていいんだよ」

その言葉に救われた。そしてマッシモの奥さん、イタリア人スタッフもみんなが家族のように心配してくれて、彼は自分の弱音が本気ではないことに気がついた。

「たしかに僕は変にこだわるところがあって、それを曲げられないんです。だからってそのたびにストレス抱えて倒れていたんじゃ、戦力になれない、イタリアにいられない。でも、僕はここにいたいんだと。だったらこのままじゃいけない、自分の性格を変えるしかないと明確にわかった」

常に意識して「きっちりすればいいわけじゃない」を自分に言い聞かせ、気持ちのもっていき方を変えて、ストライクゾーンを少しずつ広げていく。たとえ果てしない道のりだとしても、つづけるためには、もうそうするしか道はなかった。

僕はピエモンテで行く

ただ何者かになりたい一心で、気づけばバローロで三回目の冬。宮根はふと怖くなったという。

日本へ帰国したとき、ピエモンテ一本で勝負できるのか？

ほかの州ももう少し見たほうがいいんじゃないか。シェフに相談すると、トスカーナの知り合いの店を紹介してくれた。

電車を乗り継いではるばる面接に行ってみたものの、結果的に、そこではっきりしたのは「やっぱりピエモンテが好きなんだ」という自分の気持ちだったという。バローロに戻った宮根は、マッシモに伝えた。

「僕はピエモンテで行く」

もう二度と揺らぐまい。このとき初めて、それを自分の武器にすると決めた。

だが問題は、いつまでいるかだ。

「本当に居心地がよかったので、帰国する努力をしなければ、いつまでもいてしまいそうだった」

宮根は帰国の年を二〇〇六年、三十二歳と定め、逆算して一年前に店を辞めることにする。

じつは白トリュフの名産地にいながら、シーズンの秋はリストランテのかき入れどきのため働き詰め。同じ地区のアルバで毎年開催される白トリュフ祭りにも行ったことがなかったのだ。だから最後の一年間は、地元の食材を知るための時間に充《あ》てたかった。

二軒の肉屋で研修して、五〇〇キロあるピエモンテ牛の屠殺《とさつ》から解体、店頭に並ぶまでに立ち会った。肉料理文化であるこの地の素材について、プロの扱い方や知識を学んだことも大きいが、何より命が食材になる過程を実感した。それは日本ではできない体験で、捨てることなく使い切る料理人の使命を再確認したという。

グリッシーニ（クラッカーに似た食感の、スティック状乾パン）はピエモンテの発祥で、専門店にはリストランテで作るそれとは違う、職人仕事の「スカッと軽い食感」があった。さらに天然酵母パン屋ではチャバッタ（もちっとした食事用パン）を教わり、山岳放牧牛の乳による伝統的なチーズ作りも、チーズを「作る」のでなく「熟成させる」プロの仕事も見に出かけた。クラフトビールの醸造所も見学して、それは後に東京の自分の店で扱うことになる。

ちょうど州都トリノで冬季オリンピックが開催された年。会場の特設リストランテにはピエモンテを代表するシェフたちが日替わりで立ち、宮根はその常駐アシスタントとしてさまざまなシェフの料理を見ることもできた。こうして、いわば「リストランテの外にあるピエモンテ」を一年かけて修業したのである。

予定通り二〇〇六年十一月に帰国。この時点で、自分のしたいこと、すべきことは定まっていた。

「僕が見てきたものですから、ピエモンテしかありません」

雇われシェフの職を探すと三つの話が持ち込まれたが、二つは既存店の引き継ぎで、すでに南イタリアの地方の店名がついていたり、前任のシェフの料理を引き継ぐ条件があったり。

三つ目が代々木公園。元修業先の跡地という縁のある物件で、ここにイタリア料理店を新規オープンさせるという話だった。

オーナーと宮根が三対一の割合で出資する共同経営で、店名はピエモンテ方言でオステリアを意味する『オストゥ』に決まる。ただしショップカードに書くつもりだった「La cuccina Piemontese（ピエモンテ料理）」は、「La cuccina Italiana（イタリア料理）」となった。

オーナーの要望は、幅広い客層にとってのおいしいイタリア料理。ピエモンテといっても知らない人が多い中、一地方の郷土料理に絞ることは客層を狭めることになる。

両者のやりたいことをどう折り合わせるか。宮根は落としどころとして、クレアティーヴァ（創造的な料理）とピエモンテーゼ（ピエモンテ料理）の二本立てを提案した。ツブ貝など日本の食材を生かしたパスタも作る。一方でピエモンテの郷土料理はアレンジなしの直球で。そこに自分の一線を引いた。

一般に馴染みのない料理の名前は日本語に翻訳し、ワインもピエモンテにかぎらず用意。そこから始めて、焦らずじわじわ、宮根の見てきたピエモンテ料理を東京へ浸透させていく作戦。メニューには早い段階からフィナンツェーラ（鶏のトサカなどが入る煮込み料理）というディープな郷土料理まで紛れ込ませていたのだから、確信犯である。

それをしている理由

最初の取材時から、というよりもイタリアへ渡る以前から、宮根の志は一貫して郷土料理にある。イタリア修業時代は「その土地の伝統的な料理は、皿に自信がある」と語っていたけれど、シェフとなった今はもう少し言葉が増えた。

「料理をつづけていくうえで、何か一つ、それをしている理由がないとブレていく気がするんです。郷土料理は一過性のものではなくて、彼らの土地でずっとつづいてきた料理。

だから強い。息の長い店をつくることができると」

現地でも店ごとに郷土料理の解釈と表現が違うように、宮根もまた「ピエモンテの料理」ではなく「『オストゥ』の料理」を作っているという意識でいる。

だが自分の表現をするためには逆に、変えてはいけない、根っこのようなものをはっきりと摑んでいなければならない。

たとえばピエモンテの郷土料理に、タヤリンというパスタがある。この地方のリストランテからヴィネリア（ワインバー）まで、おそらくはほぼオンリストされているメニュー。いわゆる定番だ。

定番には、型がある。タヤリンの場合は卵黄を贅沢に使う、平打ち、細麺といったところだろうか。だが卵黄に全卵を混ぜるか混ぜないか、生地の薄さ細さ、マシンで切るか包丁で切るかといったところは、シェフの解釈と目指す表現により変わってくる。

今では現地でもパスタマシンで切るほうが主流だというが、宮根は修業先でそうしていた通り、タヤリンは包丁を使って手で切り、少し乾かしてから木箱で保存する。木箱は呼吸するため、湿度を保つことができるからだ。ちなみに日本では手打ちパスタを冷凍する店が多い。保存目的のほか、冷凍することであえて弾力やなめらかさなどを出すために。

しかしピエモンテのタヤリンの場合、「乾燥」が一つのカギだと宮根は考える。ぷりっとした弾力でなく、ややポソッとした素朴な食感。その麺がソースを吸い込んで生まれる一体感こそがタヤリンがタヤリンたる所以。

それが彼の摑んできた、変えてはいけない根っこの一つだ。

「包丁で切るのは、あえてちょっと不揃いに切ることで食感の変化をつけるためです。細くて均一に切ればいいというものではない。不揃いなおいしさがあるんです」

かつて「きっちりすればいいわけじゃない」と自分の性格を変えた、その視野の広がりが、イタリアのおいしさと結びついた。

同じ料理で飽きさせない

ピエモンテの人々はこういった定番を繰り返し作り、食べているが、宮根もまた郷土料理に関しては、開店以来同じものをひたすら作りつづけている。

それは「お客を飽きさせないためにどうするか」と苦悶《くもん》して新作を生みつづける東京にあって、ちょっと驚くべきことだ。一つ二つじゃない、ほぼすべて。もっといえば「やめた料理がない」というのだから。

『オストゥ』のタヤリンが食べたいと思えばいつもある。お客の多くが、いつものあれを

食べたいとやってくる。それは彼の理想でもあった。

しかしなぜ、いつも同じ郷土料理でお客を飽きさせないことができるのか。

「僕がピエモンテにいたのはたかだか五年で、どこまでいっても日本人、現地の人には及ばない。それでも可能なかぎり現地に近づこう。そういう思いで同じ料理を作りつづけていると、ポイントがいろいろと見えてくるんです。ああ、地元の人はこういう理由があってこう作っていたのかなと、突然降りてくるときがある。すると同じ料理だけど、変わってくるんです」

つまりただ漫然と同じ仕事を繰り返すのでなく、そのつど、誤差や曖昧《あいまい》を一ミリずつ削って磨いていくこと。そうして精度を高めていくのである。

彼の言葉で言えば「ちゃんと焼く、ちゃんと煮るに徹する」。

それは習ったとおりにするという意味とも違う。反対に、ときにはあたりまえにやってきたことを一度、疑ってみるのだという。本当にそうなのか、と一度立ち止まって検証することで、「ちゃんと煮る」の真理がわかることがあると。

伝統を噛み砕く

どういうことか。ブラザートで説明しよう。

ブラザートは牛肉を赤ワインで煮る、ピエモンテにとって重要な素材を使った郷土料理である。牛の部位は、トラットリアなど気軽な店ではミスジを使う場合が多いという。肩甲骨から腋《わき》にかけての肉で、スジ（ゼラチン質）が入っている。一方、リストランテではよりやわらかな牛頬を使ったりもする。宮根の修業先では両方のパターンがあったそうだ。『オストゥ』では開店以来、これだというミスジが手に入らなかったため、ずっと和牛の牛頬でブラザートを作ってきた。ただ、赤身の旨さが身上のピエモンテ牛に比べて和牛は脂が多く、ニュアンスにどうしても誤差が残る。

あるとき、より腋に近い部位の上ミスジが手に入り、使ってみた。

「皿に盛った瞬間から、きたー！　と思いました。ピエモンテそのままの感じ。噛むとほろっとした食感で、興奮するほど一人で盛り上がった」

しかしその上ミスジの入荷は不安定。メニューに載せたり載せなかったりでなく、いつもある状態にするには牛頬に戻るしかない。

宮根は立ち止まって、これまでのやり方を「本当にそうなのか？」と疑ってみた。マッシモの作り方だけでなく、ピエモンテ郷土料理の古い文献なども読み返してもう一度洗い直す。すると、ある違いに気がついた。

マッシモはミスジ肉の場合は大きな塊《かたまり》のまま煮込み、牛頬は切り分けてから煮込んでいた。宮根も習ったとおりにそうしていたのだが、本ではどちらも塊で煮て、それから切り分ける。試してみると、和牛の牛頬でも「きたー！」があった。

「言葉でうまく言えないんですけれども、あーこれこれ！ って、しっくりきたんです」

こういうことを繰り返しているから、お客は何度食べても飽きないどころか、何度も食べているのに知らないおいしさが現れてきて動揺するのだ。安心感という波長じゃない、心が動かされるのである。

修業先のレシピをコピーするのでも、たんに輸入するだけでもない料理。彼はそれを「伝統を噛み砕いて表現すること」と説明した。

十年後二十年後、自分はどこにいきたいのか。そのイメージを宮根ははっきりともっている。

「年輪の味。僕はそこに近づいていきたい」

マッシモの家やまかないで食べたおばあちゃんのラビオリには、分量やレシピなんてない。手と目と鼻と耳と舌、体の機能の全部を使って、生地の固さや色、艶《つや》、弾力、水分を記憶していく料理。

でもそれだけじゃ完成しない。何百回、何千回と作りつづけ、回数を踏むことでしか得られないおいしさ。だから年輪の味。彼もまたいつか、その場所へ辿り着きたいのだ。

単独オーナーへ

共同経営で『オストゥ』を始めたときから、「いつかは自分で」と思っていた。だからオーナーの店だと思ったことは一度もない。いつも、店の問題は他人事ではなく自分事だった。

オープン翌年の二〇〇八年にはリーマンショック、二〇一一年は東日本大震災。世の中のすべてがそうだったように、東京の飲食業界もまた深刻な事態となった。

人の気持ちが沈み、「自粛《じしゅく》ムード」が飲食店への足を遠ざけた。といっても私鉄沿線の住宅街にあるような日常の店は、案外人を集めていたと思う。おそらくは、不安感が人とのつながりを求めたのだろう。そういうときに日常の店は、近所で安くて一人で行けて、寄り添いやすい。

もっとも苦しんだのは、都心の、コース料理のレストランではないだろうか。余震で再び交通が麻痺《まひ》してしまえば、帰宅難民になるリスクは都心ほど高い。それにレストランはハレの場。その場に気持ちが追いつかないのと、仮に行きたくても誰かを誘わなければならないうえに、誘いづらい。さらに食の安全性への不安が、お客にも料理人にも蔓延《まんえん》した。この頃、気持ちも経済も持ちこたえられずにたたんでしまった店は少なくない。

宮根が店を買い取り単独オーナーになったのは、その年の夏だった。開店してから四年の実績があったため、銀行から融資を受けることができたのだ。

『オストゥ』の場合、震災後一週間は「店を開けているだけ」の状態だったが、幸い四月の桜をきっかけに盛り返したという。長らく外食控えがつづいた反動か、「東京で被災地のためにできることは、消費すること」という意識が後押ししたためか、それ以降は右肩上がりになった。

オーナーになって変わったのは、一〇〇パーセント自分の判断で、やりたいことに振り切れるようになったことだ。じわじわとねじ込んできた地味でマイナーな料理も、もはや堂々と出せる。

たとえば「ヴェルジェーゼ風リゾット」。ニノ・ヴェルジェーゼという料理人の古いレシピを元にしたリゾットなのだが、一目見て、息を呑んだ。赤紫に染まった米に、月桂樹の生葉が一枚差してあるだけ。その潔さ。地味というより地味すぎる皿だが、けれどそれは茶室の花の美しさと似ている。

このシンプルな佇《たたず》まいの奥に、深い仕事と意味が潜んでいるのだ。それはまず赤玉葱《たまねぎ》のジャムを作るところから始まる。バターとグラニュー糖をキャラメリゼ（煮詰めてキャラメル状）にし、赤玉葱とたっぷりの赤ワイン、ひと回しのバルサミコ酢でゆっくり二時間煮詰めたもの。これと牛＋鶏肉のブロード（だし）、フォン・ド・ヴォー（仔牛のだし）を合わせて米を炊き、最後に発酵バターとグラナパダーノ（チーズ）で完成する。ピエモンテの人も忘れかけているようなピエモンテ料理。宮根正人、ここに極まれりという皿である。

このあたりからアラカルトはピエモンテ料理のみ、ワインもピエモンテ産だけになり、土着感は加速。同年秋には『ミシュランガイド東京二〇一二』で一つ星を獲得して、彼は「もっとがんばらなくちゃ」と奮い立っていた。

つづけることで価値が生まれる

再び倒れてしまったのは、独立から半年後のことだ。仕事から帰り、家の玄関目前で崩れ落ちたという。妻が気づいてとりあえず寝かせたが、翌朝も顔に血の気がない。気力で仕事へ行こうとしても、ふらふらで立ち上がれない。

病院へ駆け込むと、十二指腸潰瘍《かいよう》と診断された。これ以上遅れていたら心臓麻痺《まひ》と医者に言われたほど体内の血が少なくなっていて、増血剤が処方され、入院と静養が必要だった。しかしちょうど桜の開花直前という時季で、『オストゥ』から眺める桜を楽しみに訪れる常連は多く、性格上も経営上も、休むなんてできなかった。

一日だけの日帰り入院をして、宮根は翌日から店に立つ。ランチの営業はスタッフが中心にこなし、夜は常連客にかぎって席数を絞り、妻の助けも借りて二週間。立っているだけでやっとという状態ながら乗り切ったという。

原因は何だったのか。振り返ってみると独立からの半年間、ほとんど休みなしで働いていたことに気がついた。

「銀行から借りたお金を返していくっていう、緊張感が常にあったんです。オーナーとしてがんばっていかなきゃいけない。経理も自分でやらなくちゃいけない。そのモチベーションが、ネガティブなほうへ働いてしまいました」

休みの日には店へ行くなと医者にブレーキをかけられ、やっと気がついた。

倒れたら、店も料理人もつづけていけないというあたりまえの事実に。

この先もつづけていきたいなら力を抜く。バローロで覚えたはずの教訓なのに、料理人とシェフとでは見える景色が違い、オーナーではさらに違った。抱える責任が大きいほど、リラックスが難しくなっていったのだ。

宮根はまず、休日出勤を極力やめ、運動を始めた。旅先でもジョギングするのだそうだ。食べすぎ飲みすぎにも気をつける。考えてみれば体調管理もシェフの仕事のうち、なんて頭ではわかっていたはずのことだった。

「この店で、できるかぎり長くつづけて（店が育っていく）過程を見たいんです。僕は、やりつづけることが大事だと思う。つづけることで価値が生まれていくから」

そう、つづけなければ年輪の味もつくれない。

二〇一五年、六月になれば『オストゥ』は八周年、九年目を迎える。

十三年前、イタリアで会ったコックたち二〇人あまりに「十年後の自分」について訊ねたことがある。今、想像どおりになっている者は二人。その一人が宮根だ。

「三十五歳くらいで結婚して、その前後に、小さくてもいいから郷土料理の店を一軒もっている」

何でも人より遅かった青年が、今、東京のイタリア料理の真ん中に立っている。という意識は、しかし本人にはあまりなさそうだ。彼にとっては公園の隣の小さな店で、ピエモンテに近づこう、近づこうとしている日々がすべて。

「料理は文化。だからイタリアで学んできたこと、向こうで感銘を受けたことをちゃんと伝えたい。ちゃんとしないと、よくない」

そうしてときどきご褒美《ほうび》のように降りてくる「ピエモンテの感じ」に、小さくガッツポーズしている。

※1
『ロカンダ・ネル・ボルゴ・アンティーコ』（Locanda nel Borgo Antico）
偉大なワイン産地バローロで、土地の料理を大事に守りつづける一つ星リストランテ。二〇〇四年にはブドウ畑の真ん中という素晴らしいロケーションに移転。マッシモ・カミーアシェフは料理人歴四十年。

Masato Miyane

調理師専門学校卒業。代官山『アントニオ』、石神井『ロニオン』、南青山『アルソリートポスト』、代々木八幡『イル・ルシェッロ』等で計約六年。二〇〇一年、二十六歳でイタリアへ。ロンバルディア州『アル・ヴェルサリエーレ』（一つ星）の後、二〇〇二年からピエモンテ州バローロ『ロカンダ・ネル・ボルゴ・アンティーコ』（一つ星）で四年間修業。二〇〇五年、一年後の帰国を見据えて店を辞めてピエモンテの食材を知る期間に充《あ》て、肉屋、チーズ熟成師、チーズ工房、グリッシーニ屋、天然酵母パン屋、クラフトビール醸造所等を巡る。二〇〇七年六月、共同経営により『オストゥ』開店。『ミシュランガイド東京二〇一二』において一つ星獲得。二〇一一年八月から単独オーナーシェフとなる。

第九章

それぞれの道

「今」を楽しく

中川英樹
『Villa Tiboldi』(イタリア・ピエモンテ州カナーレ)
一九七一年、京都府生まれ

人生一度きり、楽しく生きないと。自分に確認するようなトーンで、取材中、彼は何度かこの言葉を呟《つぶや》いた。

大学時代、京都で阪神淡路大震災を経験している。そのときは恐怖しか感じなかったが、東日本大震災のニュースを二度目のイタリアで訊いたとき、「大事なのは今だ」と痛切に感じたそうだ。同時に、自分の選択は間違っていなかったということも。

中川英樹は、大卒の元会社員である。就職氷河期に超がついた時代、第一志望の一部上場企業に就職している。けれど幸せではなかった。「信用できない上司」の下で、「自分は何やろな」という存在価値みたいなものを、いつも考えていたという。

このとき、彼を救ったのは学生時代のホテルのバイトで「ありがとう」と言われた記憶だ。だから飲食の仕事に就こうと決めた。ただ、この時点で二十六歳。時間がない。そこで未経験のままいきなりイタリアの厨房に立った。

イタリアで四年修業後、一年間イスラエルの富豪のお抱え料理人になって開店資金を貯め、二〇〇五年、京都市内にイタリア料理店『ラ・ベッラ・ヴィータ』を開店。計画通りだ。古い一軒家を木とレンガの清々《すがすが》しい空間に改装した店で、中川は修業した各地の伝統料理を作った。けっして一等地ではない住宅街で、ボンゴレでもカルボナーラでもなくピエモンテのウサギの煮込みが出てくる時代になったのかと、イタリア料理の裾野《すその》の広がりに感心したことを覚えている。

だが一八席の規模にはスタッフが必要だった。二人になれば人間関係ができ、三人になれば社会ができる。彼がもっとも心配していた「人」の問題に、案の定煩《わずら》わされた。結局、席数を一一に減らして一人でがんばったものの、そうすると今度は体が疲弊《ひへい》してしまう。

「仕事って、途切れることがないんです。仕入れ、仕込み、営業中の料理と接客も一人で。休日も仕込み。三十八歳のとき、あと二年つづけたら動けへんやろなと」

思い起こせば、イタリアには違う時間があった。仕事だけに縛《しば》られること、追われる感覚のない毎日。それを「普通」と言える人生が、どんなに人間的か。

彼は、生き方を変えようと思った。

ちょうど契約更新のタイミングで、借金もなし。五周年で店を閉め、二〇一〇年にイタリアへ戻ることを決めた。永住だ。

曰く「旅行、修業、仕事で行くのと、永住ではまったく違う」。今回はまず、ずっと生活していくための基盤をつくらなければいけない。だから「働きたい店」でなく「滞在許可証が取れる店」を探し、責任だけ渡される「シェフのポスト」より、実際に受け取れる「給与額」をシビアに優先。

そして暮らすうえでの環境も。最初にリグーリア州の海沿いで働いてみて、自分は海より山が落ち着くんやな、とわかったのだそうだ。

「これからどういう場所で生きていこう？　って考えて、山の、空気のきれいなところがええなと」

この自由は、もちろん、リスクや不安と引き換えである。

たとえば老後。他国の社会保障システムの中で、日本国籍の自分はどうなるのか。それに結婚して家族も持ちたい。一人だからこういう生活を選べるけれど、一生一人なのかな、と思うと寂しくもなる。

「でも、そういうのひっくるめても、僕は最良の選択をしました」

日本では二～三時間だった睡眠時間が、イタリアに来て六～七時間ぐっすり眠れるようになった。もちろん昼寝つき。仕事が終わってからクールダウンの時間ができて、本も読むし仲間とも飲みに行く。休日にはリストランテやカンティーナ巡り。最近ではドライブが好きになって、バカンスにはヨーロッパの国々へ足を伸ばす。

日本の両親とはいつもスカイプで小一時間世間話をするから、かえって日本にいるときより会話が増えたそうだ。親を呼べる環境を早くつくって、お父さんとイタリアでゴルフがしたい、と中川は言った。

二〇一一年、東日本大震災で彼は、自分の選択を噛みしめた。

「どこにいても、何か起きるときは起きる。将来のための物質的なものが、一瞬ですべてなくなることもある。だから今が大事やと思うんです。僕は物質的には豊かじゃないけど、恵まれていると思う。今死んでも後悔しないくらい豊かな時間とか気持ちとかを手に入れたから。家族ができたら変わるのかもしれないけど、今は」

これからのテーマは「イタリアに暮らす日本人として、若い料理人たちに何ができるか」。自分がイタリアで先輩たちに助けてもらった感謝を、下の世代に還《かえ》していきたいのだそうだ。

二〇一五年、中川は二月から山の美しいピエモンテ州の、リストランテ『ヴィッラ・ティボルディ』のシェフに就任することが決まった。

Hideki Nakagawa

経済大学を卒業後、会社員を経てイタリア料理人に。日本での修業経験がないままヴェネト州、シチリア州、ピエモンテ州、ヴァッレ・ダオスタ州、トスカーナ州ほかで修業し、イスラエルで一年間、個人宅の料理人を務めて帰国。二〇〇五年一月京都市に『ラ・ベッラ・ヴィータ』開店。五周年を機に店を閉め、二〇〇九年再びイタリアへ。

住宅地で南イタリアを

白井正幸
『GITA』(愛知県・豊川市)
一九七九年、愛知県生まれ

絶対に潰《つぶ》れる。先輩にも友人にも家族にさえも、そう反対されたそうだ。なぜなら白井正幸が自分の店を「建てた」のは、完全なる住宅地だったから。

「見てろよって思ってました。いいものを作っていれば人は来てくれるって」

この思考は、一歩間違うと危険でもある。「いいもの」も、人の心に響かなければ自己満足と呼ばれる。その境界線を見誤ると、「わかる人がいない」と諦めてわかりやすい料理なるものを作るか、または店をつづけられなくなるか。

だが白井は、そのどちらでもなかった。

二〇一三年夏に訪れた『ジータ』は、開店からちょうど三年。名鉄豊川線「稲荷口」という無人駅の、本当にどこにでもある新興住宅地に突然現れるのだが、ドアを開ける前からお客をわくわくさせる店だった。真っ白な一軒家、庭をくねくねと抜けるアプローチ。木製ドアの向こうにはテラコッタのエントランスがつづき、天井の高いサーラ（フロア）へとつながる。

席に着けば、南イタリア式に七皿もの前菜がじゃんじゃん運ばれ、トロッコリ（太麺の手打ちパスタ）やパーネ・プリエーゼ（セモリナ粉のパン）なんて知る人ぞ知るプーリア料理も待ち受ける。もちろん、すべて自家製。

白井は自分が信じる「いいもの」をフルスイングで作るが、それだけでなく建物も家具も音楽も、すべてを使って語りかける。伝えよう、喜んでもらおう。その信号をキャッチするから、たとえプーリアやシチリアを知らなくても、お客は嬉々として南イタリアの世界に巻き込まれたくなるのだ。

白井の料理人人生は、中学生の頃、カズがセリエAに移籍したことから動き出した。カズを追う番組でテーブルいっぱいに並ぶイタリア料理が映し出され、「絶対にイタリアへ行く」と決めたのだそうだ。高校時代には本を見てイタリア料理を作り、資金を貯めるため工場でバイクをつくり、語学学校へ通ってイタリア語を勉強した。

二〇〇一年、二十二歳で念願のイタリアへ。彼の心をとらえたのは、海があって人の温かさを感じた南イタリア。当時はまだ、「日本へ帰ったら海辺で、レゲエのかかるイタリアンをやりたい」とか「カフェもいいかな」なんて夢がいくつも転がる男の子だった。

だが二十五歳で結婚し、子どもが生まれたのを機に就職。食品会社のデリ部門で商品開発の仕事を二年つづけたが、それ以上はできなかった。

「これはやりたいことじゃない。僕はやっぱり自分の店をもって、南イタリア料理を作りたいんだって」

妻の尚美に話すと、美容師を辞めて協力すると言ってくれた。

すぐに会社を辞め、昼はインテリア関係の仕事、夜はダイニングバーのシェフを掛けもちして開業資金づくり。同時に物件を豊川中心に探したが、これが難航する。マンションの一階や集合ビルの中という環境が、どうしてもしっくりこなかったのだ。

二年が過ぎて、ふと親戚が「うちの敷地に建てれば？」と申し出てくれた。借りるのでなく、一軒家を建てるという選択。だったら好きなようにつくれる！　と思った。雑草のボーボー生える空き地を見ながら、彼の頭にはプーリア州オストゥーニという中世都市の、白い家が浮かんでいた。

開店当初はガラガラ。半年後からランチは埋まり始めたが、ディナーがやっと機能してきたのは一年後。でも、覚悟の上だ。

「予約がない夜は店を閉めて、サルシッチャ（ソーセージ）とか仕込んでました」

売上が少ないから原価を削るという発想とは真逆で、来てくれる一組二組に全力投球する。白井は開店以来ずっと毎朝七時には店へ出て、翌日のパン種や長時間かかる料理の仕込みを始め、八時半には豊橋の魚市場へ行っている。

市場には、愛知の三河湾、知多湾だけでなく、静岡にかけての遠州灘からも魚介が集まる。御前崎《おまえざき》のマグロ、蒲郡《がまごおり》の大きなぼたん海老や、タカアシガニに手長海老。馴染みの漁師は、大アサリのついでにムール貝も潜って捕ってくれる。日本では通常捨ててしまうよな、マグロの胃袋なども手に入る。塩でひたすら揉《も》み、ぬめりを取って湯通しし、香味野菜と四〜五時間茹でる。それからトマトでピリ辛に煮れば、シチリアの「マグロのトリッパ」だ。

地元で店を開くことを決めていたのは、じつはこの環境のためである。魚介だけでなく、豊橋にはイタリア野菜を育てる人がいて、同級生の弟は無農薬でカルチョーフィ（朝鮮アザミ）を作っているのだそうだ。

「僕は今、楽しいし幸せです」

商売の神様は楽しそうなところが好きなのだろうか？　今、『ジータ』は週末だけでなく平日も賑《にぎ》わうようになった。二〇一四年は過去最高を記録したそうだ。すでに三児の父となった彼の、これからの夢はシチリアのバール。そしてもう一つ、「いつか奥さんを美容師に復帰させてあげたい」のだと言った。

Masayuki Shirai

調理師専門学校卒業後、兵庫県宝塚市のリストランテで約二年。二〇〇一年に渡伊。プーリア州タ－ラント『リストランテヴェッキエ・カンティーナ』、ピエモンテ州『グイド』、トスカーナ州『イル・コロンバイオ』ほかで、計約一年五カ月修業。二〇一〇年八月、地元である豊川市稲荷口に南イタリア料理『GITA（ジータ）』を開店。

僕のテンポで

永田匡人
『Ristorante dei Cacciatori』（京都府・京都市）
一九七三年、滋賀県生まれ

イタリア八年、そのうちの一軒では五年という修業期間の長さからも、彼の「時間」に対する敬意がわかる。イタリア時代の永田匡人《ただと》は、こう語っていた。

「日本に帰ったら、僕は蕎麦《そば》屋みたいな店をやりたい。あそこに行ったらあれを食べたいっていう、そういうのがいい」

看板料理があるということだ。

オーナーシェフとして六年目を迎えた二〇一三年。永田にそのエピソードを話すと、今もその思いは変わらないという。ただ、こう言葉を足した。

「長くつづけないと看板にはなりませんよね。きちんとした材料で、きちんとした手順を踏んで作られるもののメッセージの大きさ。それを伝えていくには時間がかかります。どうやら僕はテンポが遅いのかな」

何もかも答えを急ぐこの時代、今も京都で、彼はそのテンポを貫いている。


イタリアで五年働いた店は、かつてピエモンテ州の山の上にあった『ダ・チェーザレ』という星のない名店である。絵描きでもあるシェフ、チェーザレの料理は土地の料理だが、郷土料理と言ってしまうには収まり切らない独特な世界観をもっていた。

ピスタチオを散りばめたウサギのサラダ、カステルマーニョ（ほろほろとした食感と酸味が特徴のピエモンテのチーズ）を詰めたラビオリ。名作は多々あれど、しかし看板といえば「カプレット（仔山羊）の暖炉焼き」だろう。生後三十日の乳飲み山羊を、シデの薪で三時間ほどじわじわ焼き上げる。シンプルだが、この山羊、この薪と小さな決まりがあり、ソースに使うヴィネガーも自分たちでつくったもの。それらを守らなければ、チェーザレの味にはならない。

永田はこの店で、もっとも長く働いた日本人コックだ。その彼が山から下りて、日本で根を下ろしたのは京都・祇園《ぎおん》の繁華街だった。

街の喧噪《けんそう》とは裏腹《うらはら》に、『リストランテ・デイ・カッチャトーリ』はギャラリーのように静謐《せいひつ》である。真っ白な壁と木の床、コンパクトでシンプルな箱にゆっくりと配置された、美しいフォルムのテーブルと椅子。静かだが意志のある、その佇《たたず》まいは永田と重なる。

開店から現在まで一貫して、メニューはコースのみ。世の飲食店がどんどんカジュアル化して、テーブルクロスなし、アラカルトかプリフィクス（前菜・プリモ・セコンドの各候補から一品選べるシステム）が全盛の中、クロスをきちんと引き、昼四〇〇〇円、夜は六〇〇〇円と九〇〇〇円。

それが彼の「テンポ」なのだ。

「気軽で使い勝手がいい店もいいけど、今お店をつくる人が、あまり食事というものに目を向けていない気がして。僕の世代で少ないのだから、これからますます少なくなるのかなと。するとレストランは（資金力のある）トップしか残らなくなる。でも本当は個人店こそ面白いことができるんじゃないかなって」

二〇一三年は、経営的には悪い年だった。けれど曰く、数字は波。

それよりも自分の料理に手応えを感じ、京都という場所に慣れてきたことが収穫だという。そう、土地に適応するにも時間が要る。一昨年より去年、去年より今年と、土地へ根を下ろしながら料理やサービスや設《しつら》えを調《ととの》え、一歩ずつ。

剣道六段。剣道には段という結果が出るが、料理は、お店をつづけていくことで結果が出るという。ただしつづけるだけでは駄目で、成果は得ないといけない。成果とは、お客の声と自分の実感が一致することだそうだ。

「僕はわかってくれる人にわかってもらえばいいとは思わない。おいしくなーれと思っている、それだけ。おいしいっていうのは、想像した以上ってことです。驚かそう、びっくりさせようではなくて、想像以上の味わい。たとえばまかないで作った自分の料理だって想像以上においしくてびっくりすることがある。自分で作ってるのに（笑）。想像以上か以内か、自分の定規はそこにある」

彼は、チェーザレが守っていたことは守る。先にも書いたとおり、それらは小さなことばかりだ。ニンニクは新鮮にかぎるとか、煮込み鍋は銅製だとか、カリフラワーを茹でるときは自家製パンを入れるとか。

「親から子へ、ということもなくなっていますけど、チェーザレの料理をつないでいくことができるなら、それは僕の役目なのかな。でも、だからって小さなチェーザレになっちゃ駄目。僕にしかできないイタリア料理があるはずです」

じつは五年間、得意にもかかわらず、ニョッキをメニューに載せたことがなかった。理想のじゃがいもが日本で見つからなかったから。それが北海道の熟成じゃがいもに出合って、やっと作れるようになったという。コピーではなく、チェーザレの血を引く永田のニョッキを。

「これは自画自賛できる数少ないもの（笑）。世界に誇れるニョッキかなって」

最後の最後、珍しく永田から強い言葉を訊いた。それは世界中を探してもここにしかない、彼の看板料理になるのだろうか。まだわからないが、その道のりをつき合うことは、食べ手にとっての幸福でもある。

Tadato Nagata

信州大学経済学部卒業。警察学校を五カ月で辞め、料理人を目指す。たまたま募集があったイタリアンで一年十カ月働いた後、一九九九年一月に渡伊。ピエモンテ州『ダ・チェーザレ』での約五年間をはじめ、ロンバルディア州『クラッコ・ペック』『ダ・ジャコモ』ほかリストランテで計約八年修業。この間、夏にギリシャの個人宅料理番なども経験。二〇〇八年七月『リストランテ デイ・カッチャトーリ』を開店。

自分をがんばらせる理由

武本成悦
『il cuore』(大阪府・八尾市)
一九七五年、大阪府生まれ

彼にはずっとコンプレックスがあった。

「僕は何かに絞り込んで、のめり込んで料理人をしているわけやない。雑誌に載るようなすごいシェフとちゃいます」

そもそも、料理の道に進んだのも大学受験に失敗したからだ。大学を出ずにどう社会と戦うか。十九歳の武本成悦《しげよし》は手に職＝職人だと思い、そして職人といえば美容師と調理師しか思い浮かばなかった。食べるのが好きとか、食材に興味があったわけでもない。イタリアンを選んだのは、ほかの料理より「シンプル」な気がしたからだ。といってもシンプルって何なのか、この時点ではその正体を言葉にすることもできなかったけれど。

二〇〇二年、イタリアの修業先で会った武本は滞在歴半年。この半年間ですでに、日本に帰ったら地元でピッツェリア・バールを開くと決めていた。理由はやっぱり、「シンプル」だった。

「シンプルいうのは、だからこそこだわれる、手仕事を感じられるものなんやってわかったんです」

だがイタリア滞在中、ピッツェリアで修業する願いは叶わなかった。いつかはピッツァを、と心に置きつつ、絞り込めない性分は呼ばれればとどこへでも「見てみたい」と飛んで行ってしまう。北も南も見てみたい、リストランテもアグリツーリズモ[※1]も見てみたい。

結果、カンパーニャ州ソレントのピッツェリアで二カ月だけ研修したが、いよいよナポリの名店で働けると決まったときにはビザが取れず、無念の帰国。

「いや、がんばれば道はあったと思うんです。でも、金額の入った口座をイタリアに作れと言われてお金もないし、そのときはでけへんって思ってしまった」

どうしてもっとがんばれなかったのか、その後味の悪さがずっと残ってしまった。ただ、それでも彼はイタリアから、小さな薪窯を買って帰っている。

帰国後は外食企業に勤めたり、イタリアンバールの雇われシェフをしたり。「勇気とお金がない」と言っては独立を先延ばしにしてきた。

「僕はいつも逃げ腰で、自信がない。でも車で出勤するたびに、駐車場に置いたピッツァの窯が目に入るんですよ（笑）。ああもうやらなあかん、やらなって。三十二のときです」

二〇一〇年十二月、武本の店『イルクオーレ』は、地元八尾市の、服部川という駅から一分の場所に開店した。といっても駅前は誰も歩いていないし、店はさらに路地にぽつんと建っている。横長に八坪、カウンターのみの止まり木的な店は、友人のおばあちゃんの家だった建物を改装したのだそうだ。

やっとあの薪窯の出番か。と思いきや、排気ダクトの工事に数百万円かかるためまたしても見送りに。しかし、オーブンで焼くピッツァならできる。

開業費用は車一台分。勇気もお金も、じつは要らなかった。

「どういうことがしたいか、何ができるかは動き始めてから見えてくる」

開店から三年。彼には「山に畑を持って、そこで育てた野菜を使ったピッツェリア」という目標ができた。

なぜ畑でピッツァか。理由は二つある。

一つ目は、街のなかでピッツェリアをやるのは普通だから。

「みんなと同じように街でやっても、〝おいしい〟までしかできない。僕は〝面白い〟までもっていきたい。あんな畑の中で、あほやなぁーって」

二つ目は、子どもの頃の記憶だ。昔から実家に畑があって、有機無農薬の採れたて野菜を使った食事が食卓に並んでいた。中学までは、お風呂はおじいちゃんが割る薪で焚《た》いていた。そこへ薪窯焼きのピッツァが重なった。

「畑とか採れたての野菜とか薪とか、僕の子どもの頃に普通やったもんが今は普通じゃないわけでしょ。なくなるもんを守る言うと大げさやな、時代とともに価値が上がっていくと言うんかな」

今の店は、次の店のためのレッスン・ワンである。一人でどこまでできるか、どこから人手が必要か。地元のお客は何を求め、何に喜んでくれるかを勉強する店。一〇品以上を盛り合わせた前菜、パスタ、セコンドのコースで二五〇〇円（二〇〇三年当時）。驚きのリーズナブルだが、武本は一つひとつ、現地で習った工程を省かない。次の店でしんどくならないように、この店でしんどいことを経験しておくのだそうだ。

「一軒目で自分に負荷をかけるほうが、成功するより絶対いい。イケるとわかると、僕はダラダラしてしまうから。それが自分をがんばらせる理由です。自分で決めたことには、文句も愚痴《ぐち》も言えへん」

過去の自分なら諦めていたかもしれない、と彼は言った。

今の彼は諦めない。自分で考え、自分で動かなければただ時間が経つだけ。気持ちの悪い後悔はもう、二度と嫌なのだそうだ。

※1　アグリツーリズモ
農園に付帯する宿泊施設のこと。ブドウ畑をもっているところでワインをつくる、自家畑のオリーブからオイルをつくる、バターやチーズをつくる、マンマから家庭料理を教わるなど、その土地、その農園ならではのさまざまな体験もできる。

Shigeyoshi Takemoto

調理師専門学校卒業後、大阪、徳島のホテルに勤務。解体のアルバイトをして資金を貯め、二〇〇一年、二十五歳で渡伊。日本と行き来しながらカンパーニャ州、ピエモンテ州、トスカーナ州、シチリア州ほかでイタリア修業は計約二年半。外食企業、イタリアンバールの料理長を経て二〇一〇年十二月、オーナーシェフとして地元に『イタリア食堂 イルクオーレ』開店。

三十五歳の未来

小曽根幸夫
『リストランテ鎌倉 felice』（神奈川県・鎌倉市）
一九七八年、栃木県生まれ

「OZONEという名前を世界に広めたい」

二十三歳当時の小曽根幸夫は、そんな大きな言葉を素直に口にする青年だった。

イタリアで五年、世界を見据えて、英語圏のロンドンで一年。フィレンツェではシェフも経験し、二〇〇六年に帰国した彼は二十八歳にして、青山に新規開店するリストランテのシェフに抜擢《ばってき》される。

一等地、グランメゾン級の調度品とワイン、そしてイタリアと時差のない小曽根の料理。しかし今振り返ってみれば「アンバランスだった」と彼は言う。価格も客の年齢層も高い店なのに、スタッフは全員二十代という若さ。イタリア好きにこそ味わってもらいたい料理とワインなのに、それを説明できるイタリア経験者の不在。さらには複数の経営陣によるさまざまな意見が、シェフの肩にのしかかった。

二年の契約を終えたとき、小曽根はひどく疲れていた。つまるところいったい、何に疲れてしまったのだろう。彼に訊ねると、東京に、と返ってきた。

「何もかもハリボテみたいに見えたんです。建物も、自然も、人も、仕事も」

人は流行で移り変わり、店もまたその顔色をうかがって変貌していく。先月までもつ鍋屋だった店が今月はバルになる。すべてが上っ面のように思えたし、そんな街を信じることができなくなっていた。

鎌倉は、妻の実家がある土地である。東京から小一時間電車に乗るだけなのに、そこにはハリボテじゃない山や海、何百年という歴史を背負った寺がある。初めて訪れたとき、イタリアみたいだな、と感じたそうだ。

小曽根は家族と鎌倉へ移り住み、五坪の店を始めた。リストランテではなくブリュレの店。小屋のような物件を、二〇〇万円無借金で改装した。

ブリュレといえば一般には、表面を焦がしたカスタードプリンのようなクレームブリュレで知られる。だが小曽根はその「小さな器で味の層をつくり、口の中で完結させる」という世界観に目をつけた。

「デザートだけでなく、前菜をこの中にギュッと凝縮できたら面白い。リストランテの皿を、小さなカップで表現してみようと思いました」

フォアグラ、蕪《かぶら》のジェノヴェーゼ（バジリコのソース）、カプレーゼ（モッツァレラチーズとトマトとバジリコ）。およそブリュレのイメージとはかけ離れた「前菜」が、数百円でテイクアウトできる。

「せっかく自分で好きなことができるなら、誰もしていないことをしたいから」

しかし前例がない＝誰も知らない。ニーズを、ゼロから育てていかなければならないということ。つまり長期戦だ。最初は売れず、その持て余した時間で焼いたロールケーキが皮肉にも「爆発的に」売れてしまった。

人気に目をつけた百貨店から催事に呼ばれるようになり、ここでも売れに売れた。今度は製造が追いつかない。小さなキッチンで六本焼くのに二時間。一日一〇〇本売るためには期間前から一日二十時間近く焼きつづけ、作っては冷凍保存。催事中は販売も重なり、ついに救急車で運ばれる事態となる。

これを機に、自分のレシピを生産力のある他店で製造してもらうことにしたのだが、小曽根の中に違和感が生まれてしまった。

「広げれば質が落ちる。それがどうしても許せなかったんです。売れればいいわけじゃない。今売れても、信用がなくなってしまえばつづかないし、つづけちゃいけない。ここは目指してきた世界じゃないと気がついた」

僕はやっぱり料理人。それは自分でも意外なほど、絶対的な事実だった。

この時代の小曽根は、「未来が見えない」と語っている。自分は何をすればいいのか。というより、したいのか。

答えは、ある日突然見つかった。妙本寺境内の物件が空き、飲食店の店子《たなこ》を探していると電話で訊いたときのことだ。切って二分後、本当にふわっと「やろうかな」という気持ちが湧いた。

「お寺の境内って、なんていい場所だろうと。それにこっちに住んでから、鎌倉の人はイタリア度が高くて、出張や旅や留学で現地を知っている人が多いとわかってきて。ここでなら、イタリアができるかなと思い始めていました」

二〇一一年、『リストランテ鎌倉フェリーチェ』開店。

この取材はそれから二年後である。まだ料理人一人、サービス一人、テーブルクロスも引けないささやかな店だが、それも「今のところは」だ。

「あと二年以内に、これがイタリアのリストランテだと堂々と言える店をつくります。もっと言えば、僕は自分をブランド化したい。そのための基盤をつくりたいんです。この場所へ人を呼んで、この店を成功させたい」

彼が、戻ってきた。

Sachio Ozone
六本木のイタリア料理店で二年修業後、二〇〇〇年にイタリアへ。カンパーニャ州『ドンアルフォンソ1890』をはじめ三つ星、二つ星（当時）で修業。フィレンツェのリストランテ『バリック』では二年間シェフを務める。イタリアソムリエ資格も取得。イギリス・ロンドンのイタリア料理店『ザッフェラーノ』（当時一つ星）で一年働き、二〇〇六年に帰国。青山『ロアジーナ』（現在閉店）シェフを経て、現在は『リストランテ鎌倉フェリーチェ』オーナーシェフ。

夫婦二人、最小単位で

青木善行
『Ristorante Ravieu』(沖縄県・那覇市)
一九六八年、福岡県生まれ

「大事なのは十年後、自分がやりがいをもっているかどうか。場所は日本でもイタリアでも南米でも、どこでもかまわない」

包丁とフライパンさえあればやっていけると言っていた青木善行は、本当に、まさかの沖縄にいた。フィレンツェで出会った日本人女性と結婚し、彼女の故郷で暮らしているのだった。結局、イタリアでは十五年暮らしたことになる。

二〇〇三年、国際電話で近況を訊いたとき、青木の滞在歴はすでに十二年になっていた。ほとんどをピエモンテの一つ星『バルボ』のスーシェフとして務め上げ、心機一転、フィレンツェに新しく開店したリストランテで働き始めたばかりの頃。だが正直、料理人としてはつらい状況だったという。シェフの話で来てみれば、開店直前にイタリア人シェフとの二人体制が決定。トップが二人となって現場は混乱し、青木は自分が一段下がるという立場を選んだ。

月給は手取り三七〇〇ユーロ（当時日本円で約四〇万円）。近所のホテル料理長より高額だったそうだが、肝心の、料理することが楽しくなくなっていた。

「イタリア人シェフの料理は、当時流行りの化学実験みたいな皿。僕は伝統を変えることに抵抗がある。でも時代の流れでやらざるをえないのかなとか、ジャーナリストの評価を気にしたりとか。いつもピリピリして、慢性的に胃痛がありました。このままじゃ死ぬなと。好きで始めて、好きでつづけているはずなのに、僕は道の曲がり角を一個どこで間違えたのかなと」

妻のめぐみに言わせると、第一印象は「あ、武士みたいな人がいる」だったそうだ。そういう屈託のない一言に、青木はいつもくすっとほころぶ。

二人は出会いから一週間後には結婚を決め、三カ月後には入籍していた。

沖縄では、離島に建設予定のリゾートホテル料理長という職が順調に決まった。開業準備のため、給料をもらいながら沖縄の食材や生産者を研究するという恵まれた日々。しかし一転、リーマンショックで運営会社が民事再生になる。チームは解散。青木はシェフでなく一コックとして勤め先を探したが、イタリア十五年の経歴がかえって邪魔をした。シェフよりも経験豊富な料理人なんて、誰も雇いたがらないのだ。

「だったら独立しようと。沖縄はアメリカ文化だから、イタリアンにしても生クリームたっぷりのフェットチーネ（平打ちパスタ）とか、ボリュームたっぷりで取り分けてという店が多い。そうではないイタリアのリストランテをつくるなら、僕の出番がある。この沖縄でやるべき仕事があるかも、と」

肉食文化のピエモンテで鍛えた青木にとって、沖縄は腕の振るい甲斐《がい》のある舞台かもしれない。

沖縄には豚の耳から脚まで残さず食べる、肉食の伝統が根づいている。あぐー豚ややんばる島豚、石垣牛、久米島赤鶏に伊江島の合鴨といった銘柄も豊富で、育てる人も食べる人も層が厚い。

会社の都合で無職になるという経験を、他人にさせたくなかったから夫婦二人で。人を雇わずにすむ、最小単位の店づくりである。しかし飲食業経験ゼロの妻にサービスを任せることになれば、彼女には負担じゃないだろうか。悩みつつ「それでも力が必要」と相談した青木に、妻は答えた。

「うん、いいよって。あまり悩んでいないふうでした」

年齢的に、この先何度もリニューアルや移転をすることはないから、長くつき合える箱（物件）がいい。一軒家で庭があり、そこでハーブを育てて料理に使うような。そんな条件にうってつけの物件が首里城《しゅりじょう》の真ん前に見つかった。

外壁は琉球石灰の石壁造り。庭があり、店内は吹き抜けの二フロアになっていて一階がカウンター、二階がテーブル席。席数は多いが、夫婦で手に負える範囲に制限して、一〇席程度しか予約を入れない。曰く「儲からないシステムでやっている店」。

めぐみは知人のサービスマンに皿やグラスの持ち方から教わって、「まずは料理を持って階段でコケないこと」から始めたという。

プロにならなくていい。青木は妻にそう言った。

だが、間違えて多く渡したおつりを返しにきてくれた、人の優しさにうれし泣きしてしまう。そういう彼女のサービスは、人をほっとさせる。夫の料理が好きだから、愛情をもって説明できる。それに二〇一四年時点で『リストランテ・ラビュー』は五歳、彼女もサービス歴五年になるわけだ。

「体調が悪ければパッと休む、笑顔が引きつっちゃ駄目」

すべては二人でつづけていけるように。今の青木は、がんばってもがんばりすぎない生き方を覚えた。

Yoshiyuki Aoki

神戸のイタリアンで三年修業後、一九九二年、二十四歳でイタリアへ。トスカーナ州、リグーリア州のリストランテを経て、一九九三年からピエモンテ州トリノ『バルボ』で十一年。この間に一つ星獲得、スーシェフとなる。二〇〇四年トスカーナ州フィレンツェ『ロッシーニ』スーシェフに就任。二〇〇六年に帰国、二月に結婚。二〇〇九年六月、沖縄・那覇市『リストランテ ラビュー』開店。

リセット

磯尾直寿
『ISOO』(東京都・渋谷区)
一九七四年、長野県生まれ

彼が自分の店をもつと訊いたときは、ちょっと耳を疑った。

お菓子の仕事をしながら旅をして、時々現地の子どもとサッカー。あとはビールがあればいいと言っていた二十八歳の磯尾直寿《なおひさ》は、「店なんてもちたくもない、面倒だから」という具合だったのだ。ただ、その後たしかに「家族がいれば別なんでしょうけど」ともつけ加えていたけれど。

フランス語でいえばパティシエ。イタリア語ではパスティッチェーレ。菓子職人である磯尾の舞台は、高級リストランテばかりだった。最初はフィレンツェの三つ星『エノテーカ・ピンキオーリ』の銀座店、ミラノ郊外の二つ星『アンティカ・オステリア・デル・ポンテ』が東京へ進出する際は、初代シェフ・パスティッチェーレを務めている。

リストランテの皿の上で仕上げるドルチェと、ショップから持ち帰るケーキは違う。それは彼から教わったことだ。

「リストランテでは作って五分以内に食べてくれるから、いろんなことが楽しめます。逆にテイクアウトだと、持ち運びの途中に湿気が加わって形が崩れないようにとか、安全面とか考えなくちゃいけない」

その彼が二〇〇六年にイタリア郷土菓子の店『パスティッチェリア・イソオ』を構えたのは、まさに家族ができたからだった。磯尾はすぐに雑誌の常連となり、「イタリア」や「お菓子」の玄人《くろうと》に愛された。


だが二〇一四年夏、八年間つづけた店を突然閉めた。いや、突然と感じたのは外側の人間で、彼はずっと息継ぎなしに泳ぎつづけていたのだった。

「僕には、経営という部分が根本的に足りませんでした」

そもそもまで遡《さかのぼ》れば、店の場所や造りからして採算が取れる体制ではなかったという。

西洋菓子屋は一般に、場所、機材、人に費用がかかるといわれる。大型の冷凍冷蔵庫、ショックフリーザー（瞬間冷凍庫）、菓子用オーブンなどの特殊な設備と、電気容量を確保する高圧受電機器の工事費や高額な電気料金。粉などのデリケートかつ大量の材料を保管するには場所が要り、広くなれば家賃は高くなる。

一方で、お菓子は一個一個の単価が安い。儲からないまでも、健全経営していくにはある程度の量を売らなければならない。とすると、人手も要る。

磯尾の店があったのは、六本木だが迷路のような裏路地だ。面積のほとんどが厨房で、販売スペースは猫の額《ひたい》。約一五種類の焼き菓子と約一〇種類の生菓子を二人で作り、売るのだが、わざわざ来てくれるお客だけではやっていけない。そこで定額収入を得るため売値の半額で卸しの仕事を引き受けると、利益率が低すぎて家賃や設備投資費の返済に回すのが精一杯。結局、手元には残らなかった。

「売っても売っても、店は回るけど利益にはならない。徹夜でも病気でも関係なしに働いて、収入はほぼゼロです」

このときの心境を訊くと、「でも、引き受けたものはやらなきゃ」であった。列車はもう走り出していて、降りることはできない。だがアクセルとブレーキを同時に踏むような精神状態は、次第に彼を追い詰めていった。

「もう、リセットしたいと思いました」

銀行への返済額が「アルバイトしてでもどうにか返せる」と目処《めど》がついたとき、ようやく彼はリセットボタンを押すことができた。

それでも八年という歳月は、新陳代謝の激しい東京で、胸を張っていい長さである。こんな苦しみの中で、これだけの期間、つづけられたのはなぜか。

彼は、自分の仕事に「意義」を感じていたのだ。

イタリア伝統菓子という土壌が、ほぼ未開拓だった時代に専門店を開いたことだけでも挑戦だだが、磯尾は三年目あたりからこう考えるようになっていた。

「僕は何をすべきなのか、と。イタリア伝統菓子をもっと普通に楽しんでもらいたい。だったら〝刷り込み〟をしていこうって」

日本へイタリア伝統菓子を浸透させていく。曰く「キットカット食べたいな、くらいの感覚でカンノーロ（シチリアの郷土菓子）食べたいな思えるレベル」まで。そのために、お菓子の味も名前もシンプルな構造に徹した。

「生クリームのおいしさがわかれば、また食べたくなるはずだから」

磯尾は、生クリームの泡立てに電動ミキサーを使わない。脂肪球を壊すと考えるからだ。氷水で冷やしながら手のスピードで攪拌《かくはん》し、一旦冷蔵庫で落ち着かせ、絞る直前に再び攪拌してちょうどいい仕上がりにする。そういう気の遠くなる仕事を、彼は省けない工程として、一個三五〇円のお菓子でつづけていたのだった。

「伝統菓子は、バールとセットでイタリアの文化ごと売るほうがよかったのかな。でも、いつかやってみたいですよね、オーナーではなく参加する形で」

僕はクラウド（雲）になるから、と言って彼は笑った。笑っていたけど、でも本気だ。自由な立ち位置でイベントに参加したり、日本や世界を旅して、その土地の、そこにある道具でお菓子を作る。

もしもそれが成り立ったら、菓子職人の新しい働き方になるかもしれない。

Naohisa Isoo

六〜八歳までをローマで過ごす。東京・銀座『エノテーカ・ピンキオーリ』で六年、最後はシェフ・パティシエを務める。その後日本、イタリア、スペインで計約五年修業。二〇〇二年『アンティカ・オステリア・デル・ポンテ』東京店の初代シェフ・パティシエに就任。二〇〇六年六月から『パスティッチェリア・イソオ』を八年間営み、現在はフリーの菓子職人『ISOO』としてイタリア菓子のコンサルティング、菓子試作、コーディネーター、執筆活動などを行う。

あとがき

一五人の料理人、一人ひとりの十年以上にわたる道のりを辿る旅を終えて、私の頭に浮かんだのはこの言葉である。

「求める者に、道は拓《ひら》ける」

求めれば必ず道は拓けるという楽観論ではない。求めたところで道は拓かないかもしれない。でも、求めなければ絶対に道は拓けないよという意味だ。

レストラン乱世の現代にシェフとなった彼らに共通するのは、まず、求めたこと。そして、求めることを「つづけた」ことだと思う。

「つづける」という言葉が、ほぼ全員の口からこぼれてきたのだ。

「完璧というゴールはないけど、でも完璧に向かいつづける」「(この国で) ずっとつづけてこられたのは僕しかいない」「僕は、つづけるということができただけ」「好きだからつづけられる」「無理なくつづけていくために」「作りつづけて完成される味」。

彼らは何万分の一の確率でシェフになったが、天才でも特別な人でもなく、つづけられた人たちだったということ。

そして「つづける」ということは難しい。先が見えなくなったとき、自分がどこに向かっているのか、第一、求めるものがなんだったのかさえわからなくなったとき。それでも手を伸ばしつづけることが。

それは料理人にかぎらない。私のようなライターにも、ほかのどんな仕事や生き方にも通じる真理だという気がした。

彼らの言葉が職業や立場を超えて聴く者の胸を打つのは、いつの間にか、ほかならぬ自分自身と置き換わって聴こえてくるからだろうと思う。

「つづける」ということ。

彼らからもらった言葉をもって、私も歩いてみようと思う。

お礼の言葉

最後に、二〇〇二年にイタリアで出会い、十年後に再び半生を語ってくれた料理人たちに心から御礼申し上げます。本書に掲載した一五人だけでなく、それ以外にも日本で、イタリアで再会を果たした料理人とソムリエたちもいました。

彼らの話を少しすると、イタリアで長年シェフやシェフソムリエを務めた二人は、イタリアの深刻な不景気や家族の事情でこの原稿を書いている間に帰国。また持病の腰痛を悪化させて店を二年間休業（二〇一四年秋から再開）したシェフや、故郷に一軒家を建て家族でリストランテを営むシェフもいました。

女性料理人たちは出産・育児という大事業を抱え、夜型で長時間のレストラン仕事はできなくなっていました。それでも「料理に関わる仕事を」と保育園や小学校の調理師となり、食育という新たな分野で活動されています。

あたりまえのことですが、料理の道も、一〇〇人いれば一〇〇通り。同じ人生などないことを教えてもらいました。

また本書を世に送り出すまでには、連載している雑誌の編集者や旧知の編集者が意見をくださり、時に励まし、背中を押してくれました。

何よりこの取材記録に、「本としての命を吹き込んで」くださったミシマ社の星野友里さん、イタリアの合気道の話を教えてくれた三島邦弘さん、ちゃぶ台でお弁当を囲んだミシマ社のみなさま。ありがとうございました。

多くの人が生まれてくるよう願ってくれた、幸せな本だと思います。あとは読んでくださる方々に、何かが届きますように。

井川直子

二〇一五年一月

参考文献

●『ミシュランガイド東京2012～2015』／『ミシュランガイド 大阪・京都・神戸2011』
『ミシュランガイド 大阪・京都・神戸・奈良2012』（日本ミシュランタイヤ刊）
●『MICHELIN ITALIA 2002～2014』（MICHELIN）
●『日本のイタリア料理産業とコックたち：産業史と人生史の視点から』PART Ⅰ～Ⅲ（澤口恵一編・大正大学人間学部人間科学科刊）
●『dancyu』（プレジデント社刊）バックナンバー
●『料理通信』（料理通信社刊）バックナンバー
●『料理王国』（料理王国社刊 ※現在はCUISUNE KINGDOM刊）バックナンバー
●『別冊専門料理 スペインが止まらない』PART1～3（柴田書店刊）
●『イタリア食文化こぼれ話』（西村暢夫著・文流刊）
●『ホントは知らないイタリア料理の常識・非常識』（吉川敏明著・柴田書店刊）
●『イタリアに行ってコックになる24 stories of Japanese in Italy.』（井川直子著・柴田書店刊）
●『麗しの郷ピエモンテ』（山岸みすず・井川直子共著・昭文社刊）
●『僕たち、こうして店をつくりました』（井川直子著・柴田書店刊）
●ミシュランガイド公式ウェブサイト URL http://michelinguide.gnavi.co.jp/
●世界のベストレストラン公式サイト URL http://www.theworlds50best.com/
●ALS筋萎縮性側索硬化症の疾患・治療に関する情報プログラム（ALS疾患啓発委員会）URL http://www.als.gr.jp/
●厚生労働省 URL http://www.mhlw.go.jp/
●総務省統計局 URL http://www.stat.go.jp/
●在スペイン日本国大使館 URL http://www.es.emb-japan.go.jp/
●日本政策金融公庫 URL http://www.jfc.go.jp/

福本伸也　P.11

Cá Sento　Shinya Fukumoto（カ・セント シンヤ・フクモト）

住所：兵庫県神戸市中央区中山手通4丁目16-14
電話：078-272-6882　URL http://casento.jp

泊 義人　P.39

Kitchen Igosso（キッチン・イゴッソ）関東店北階店

住所：北京市朝陽区関東店北街23号／中華人民共和国
電話：+86 10 6592 4563　URL http://yashiro-foods.com/igosso/jp/guandongdian

堀江純一郎　P.69

i-lunga（イ・ルンガ）

住所：奈良県奈良市春日野16
電話：0742-93-8300　URL http://i-lunga.jp

高田昌弘　P.97

Ristorante Takada（リストランテ・タカダ）

住所：356 Alexandra Road #01-07 Alexis／Singapore
電話：+65 6339 3969　URL www.ristorante-takada.sg

佐藤雄也　P.123

Colz(コルツ)

住所：北海道函館市本町4-10
電話：0138-55-5000

伊藤 健　P.149

車いすシェフ 伊藤 健

電話：080-3655-1980　URL http://kurumaisu-shef.jimdo.com

下江潤一　P.177

el Bau Decoration（エル・バウ・デコラシオン）

住所：大阪府豊中市岡町南1丁目1-22 YABE B.L.D 1F
電話：06-6857-2772　URL http://www.elbaudeco.com

宮根正人　P.203

Ostü（オストゥ）

住所：東京都渋谷区代々木5丁目67-6 代々木松浦ビル1F
電話：03-5454-8700　URL http://www.ostu.jp

中川英樹　P.230

Villa Tiboldi（ヴィッラ・ティボルディ）

住所：Localitá Tiboldi, Case Sparse 127 – 12043 Canale (Cn)／ Italy
電話：+39.0173.970388　URL http://www.villatiboldi.com

白井正幸　P.235

GITA（ジータ）

住所：愛知県豊川市山道町1丁目83番地
電話：0533-84-3788　URL http://gita-dal-2010.com

永田匡人　P.240

Ristorante dei Cacciatori（リストランテ・デイ・カッチャトーリ）

住所：京都府京都市東山区大和大路四条上ル常盤町158-2 1F
電話：075-551-7457　URL http://cacciatori.ciao.jp

武本成悦　P.245

イタリア食堂 il cuore（イルクオーレ）

住所：大阪府八尾市服部川7-38
電話：072-943-8377

小曽根幸夫　P.250

リストランテ 鎌倉felice（フェリーチェ）

住所：神奈川県鎌倉市大町1丁目16－19 1F
電話：0467-23-2678

青木善行　P.255

Ristorante Ravieu（リストランテ・ラビュー）

住所：沖縄県那覇市首里寒川町２丁目18
電話：098-886-6679　URL http://ristorante8ravieu.ti-da.net

磯尾直寿　P.260

ISOO

URL http://www.isoo.jp

シェフを「つづける」ということ

二〇一五年三月　一日　初版第一刷発行
二〇一六年一月二十七日　初版第三刷発行

著　者　井川直子

発行者　三島邦弘
発行所　㈱ミシマ社
〒一五二-〇〇三五　東京都目黒区自由が丘二-六-一三
電　話　〇三（三七二四）五六一六
FAX　〇三（三七二四）五六一八
Eメール　hatena@mishimasha.com
URL　http://www.mishimasha.com/
振　替　〇〇一六〇―一―三七二九七六

ブックデザイン　尾原史和、児島彩（SOUP DESIGN）
印刷・製本　㈱シナノ
組版　㈲エヴリ・シンク

ISBN978-4-903908-58-8

井川直子（いかわ・なおこ）

1967 年秋田県生まれ。フリーライター。レストラン取材のほか、主に料理人、生産者など「食」と「飲」まわりの人々、店づくりなどの記事を雑誌・新聞等に寄稿。日本中のイタリアンを訪ねる「地方イタリアン」もライフワーク。著書に『イタリアに行ってコックになる』『僕たち、こうして店をつくりました』（以上、柴田書店）、共著に『麗しの郷ピエモンテ』（昭文社）などがある。『dancyu』『料理通信』に記事を連載中。